Dedicated to the people of Nicaragua

Dedicado al pueblo de Nicaragua

Nicaragua

Surviving the Legacy of U.S. Policy
Sobreviviendo el Legado de la Política de los EE.UU.

Photography by Paul Dix | Edited by Pamela Fitzpatrick

In collaboration with the Institute of History of Nicaragua and Central America
En colaboración con el Instituto de Historia de Nicaragua y Centroamérica

Table of Contents
Índice de contenidos

Prologue
Prólogo

— Gioconda Belli

THIS IS A DEEPLY MOVING BOOK.

From the beginning of history, humans have felt a strange fascination for war. The first written poem we know, Homer's *Illiad,* is the story of a military campaign undertaken by the Greeks against the Trojans. There are countless novels about warfare, numerous films and television series.

War is a scenario in which the best and worst of human passions are at play: heroism and cruelty. These contrasts, the presence of danger and death vis-à-vis a life that demands to be lived, confer a peculiar intensity upon the protagonists and the places in which battles are fought.

Art tends to sublimate the horror of this experience, perhaps so we can assimilate it without being ourselves destroyed in the process; or perhaps to emphasize the supremacy of the human spirit over the multiple attempts of the species to self-destruct.

The counterrevolutionary war fought in Nicaragua in the eighties was cruel and bloody. Nicaraguans, mostly of humble extraction, fought to the death along the country's borders. The Sandinistas struggled in defense of a political project called upon to bring about the social justice denied the people during the forty-five years of the Somoza dictatorship, and indeed throughout their history. Their opponents, the resistance to the revolution, fearful that it would alter the course of their lives, were used by the United States, which armed and

ESTE ES UN LIBRO PROFUNDAMENTE CONMOVEDOR.

Los seres humanos, desde el principio de la historia, hemos sentido una extraña fascinación por la guerra. El primer poema escrito que conocemos, La Ilíada de Homero, es la historia de la campaña bélica donde se confrontaron los atenienses y los troyanos. Hay incontables novelas sobre la guerra, numerosas películas y series de televisión.

La guerra es un escenario en el que se ponen en juego las mejores y las peores pasiones humanas: el heroísmo y la crueldad. Estos contrastes: la presencia del peligro y la muerte, frente a la vida que demanda ser vivida, confieren una peculiar intensidad a los sitios donde se libran las batallas y a los protagonistas de las mismas.

El arte suele sublimar el horror de esa experiencia quizás para permitirnos asimilarla sin que nos destruya; quizás para recalcar la supremacía del espíritu humano sobre los múltiples intentos de la especie por auto-destruirse.

La guerra contrarrevolucionaria de los años ochenta en Nicaragua fue cruel y sanguinaria. Nicaragüenses, mayormente humildes, se enfrentaron a muerte a lo largo de las fronteras del país. Unos defendían un proyecto político llamado a brindarle a los nicaragüenses la justicia social que la historia les escatimó a lo largo de cuarenta y cinco años de dictadura somocista; los otros, temerosos de que este proyecto alterara el curso de sus vidas, fueron instrumentalizados por los Estados

financed them in an effort to end a process the administration believed compromised their interests in the region.

In Nicaragua, the hope for a better future that encouraged so many to fight for freedom from the dictatorship turned to pain a little over a year later. This is the pain we find described in this book: the pain of sisters who lost their brothers, of children who lost their mothers or fathers, the pain of innocent victims who lost arms, legs or parts of their lives in the crossfire of an unjust war launched by a superpower attempting to impose its will and its idea of democracy on a small and hardened nation that was just starting to enjoy the fruits of a freedom arduously pursued.

There are no words sufficient to condemn the atrocity of this war. In its wake there remain heartrending testimonies of survivors, men and women trying to rebuild their lives, contending with the consequences of the nightmare and refusing to surrender.

This is what is so extraordinary about this book—in it we see the human spirit surmount obstacles and pain, observe how these protagonists of the horror of war get on with their lives, fall in love, bear children, work.

The labor of love undertaken by Paul Dix and Pam Fitzpatrick in the search for these faces is palpable in this essay. Imprinted in their photographs taken years ago, Paul and Pam have sought them out years later, with the aim of answering the question: What became of these people? The photographs

Unidos que los armaron para terminar una revolución que juzgaban comprometía sus intereses en la región.

En Nicaragua, la esperanza de un futuro mejor que animó a tantos a luchar para liberarse de la dictadura, se convirtió en poco más de un año en dolor. Ese es el dolor que encontramos en este libro: el dolor de hermanas que perdieron hermanos, de niños que perdieron madres o padres, el dolor de víctimas inocentes que perdieron brazos, piernas o retazos de sus vidas en el fuego cruzado de la guerra injusta de una superpotencia intentando imponer su voluntad y su concepto de democracia a una pequeña y aguerrida nación que empezaba a disfrutar los frutos de una libertad arduamente ganada.

No hay palabras para condenar la atrocidad de esta guerra. Lo que queda de ella son lecciones difíciles, testimonios desgarradores de los supervivientes, hombres y mujeres intentando rehacer sus vidas, viviendo con las secuelas del horror, sin amilanarse.

Eso es lo extraordinario de este libro: ver el espíritu humano sobreponerse a las dificultades y dolores, ver a estos protagonistas del horror de la guerra continuando sus vidas, enamorándose, dando a luz sus hijos, trabajando.

La labor de amor de Paul Dix y Pam Fitzpatrick en la búsqueda de estos rostros que, años atrás, quedaron impresos en sus fotografías y a los que ellos, años después, quisieron reencontrar en el afán de contestarse la pregunta: ¿qué sería

contained in this book are more eloquent than any word one might venture to pronounce.

The testimonies—the simple words with which people portrayed herein refer to their lives—constitute a harsh, even fierce indictment of decisions taken by politicians and the military with no consideration for the human cost involved, the "collateral damage" inflicted by those decisions.

The world needs books such as this in order to see itself mirrored in a setting in which wars are not described as heroic campaigns, but for what they really are: the failure of understanding, the relinquishment of the highest human powers to solve differences by peaceful means.

Let us open this book, let our eyes wander over the luminous black and white of these photographs, over the tenderness yet also the iron will to live expressed by these people whom the war damaged but could not destroy. And let us reflect on the need to forever put an end to a violence which belittles us all.

Our thanks go out to Paul, to Pam, and to the Institute of Nicaraguan and Central American History for this wonderful testimony.

— GIOCONDA BELLI
POET AND AUTHOR OF SEVERAL BOOKS INCLUDING
THE COUNTRY UNDER MY SKIN

de ellos?, es palpable en este ensayo, porque las fotos contenidas en este libro son más elocuentes que cualquier palabra que uno pudiese pronunciar.

Los testimonios, las palabras sencillas con que los personajes retratados aquí se refieren a sus vidas, son una feroz y descarnada impugnación a las decisiones que los políticos y militares hicieron, sin dar mayor peso al costo humano de las mismas, al "collateral damage" que causaron.

El mundo necesita libros como éste para verse en el espejo que sitúa a las guerras, no como campañas heroicas, sino como lo que son: el fracaso del entendimiento, la renuncia a utilizar las más altas facultades humanas para solucionar los conflictos pacíficamente.

Abramos este libro, paseemos nuestras miradas por el blanco y negro luminoso de estas fotografías y la tierna y a la vez férrea voluntad de vida de estas personas que la guerra dañó pero no pudo destruir, y reflexionemos sobre la necesidad de terminar para siempre con la violencia que a todos nos empequeñece.

Gracias a Paul y a Pam y al Instituto de Historia de Nicaragua y Centroamérica de la Universidad Centroamericana por este maravilloso testimonio.

— GIOCONDA BELLI
POETA Y AUTORA DE VARIOS LIBROS INCLUYENDO,
EL PAÍS BAJO MI PIEL

Foreward
Prólogo

— Richard Boren

On the 9th of March, 1988, in the hills of Nicaragua, I began my ninth day as a prisoner of the U.S.-backed *contras*. The strain of captivity was taking its toll and my health had deteriorated. At times fighting could be heard nearby. The *contras* had said we were headed for Honduras, so many more days of marching and dangers lay ahead.

As we approached a farm I was stunned to see three friends standing there among a group of heavily armed *contras*. One of them was Paul Dix. The three had spent the entire week searching for me, risking their own lives in the process.

Paul's search for us was a precursor to what he and Pam Fitzpatrick would do to find the people profiled in this book. Their remarkable persistence has brought back to life the images and voices of the forgotten victims of the Contra War. This is a story about survivors of a terrible nightmare, but it is also about an incredibly generous people who will quickly adopt you as a friend.

During the 1980s the Nicaraguan people welcomed huge numbers of foreigners to their country. Paul and Pam both arrived in 1985 to work with Witness for Peace, an interfaith organization opposed to U.S. support of the Contra War. Paul would remain for the next five years with its long-term team. Pam was part of a ten-day delegation and would spend the next seven years organizing and leading delegations to Nicaragua as the North Pacific regional coordinator for Witness for Peace.

El 9 de marzo de 1988, en los cerros de Nicaragua, comenzó mi noveno día como prisionero de los contras, grupo armado contrarrevolucionario respaldado por los Estados Unidos. El trauma de vivir en cautiverio me había afectado y mi salud se había detriorado. Ocasionalmente se podían oír los enfrentamientos y tiroteos que ocurrían muy cerca del lugar. Los contras habían dicho que íbamos rumbo a Honduras y que nos esperaban muchos días de marcha y un viaje lleno de peligros.

Al acercarnos a un rancho quedé atónito cuando divisé a tres de mis amigos parados allí entremedio de un grupo de contras fuertemente armados. Uno de ellos era Paul Dix. Los tres habían pasado la semana entera buscándome y poniendo en riesgo sus propias vidas.

La búsqueda que Paul hizo en aquel entonces fue precursora de aquella que él y Pam Fitzpatrick tendrían que hacer para encontrar a las personas que se encuentran reseñadas en este libro. Fruto de su extraordinaria perseverancia, las imágenes y las voces de las víctimas olvidadas de la guerra de los contras han vuelto nuevamente a la vida en este libro testimonial. Ésta es la historia de los sobrevivientes de una terrible pesadilla, pero es también la historia de la increíble generosidad de un pueblo que rápidamente te adopta como amigo.

Durante la década de los ochenta, el pueblo nicaragüense recibió y dio la bienvenida a una gran cantidad de extranjeros. Paul y Pam fueron parte de un grupo que llegó a trabajar a

I met Paul Dix when I joined the Witness for Peace long-term team in late 1987. As the organization's main photographer, Paul was especially skilled in taking pictures after horribly traumatic situations. He radiated compassion and empathy and the Nicaraguans understood the photographs were necessary. Folks in the U.S. needed to know what their tax dollars were supporting.

One of the communities I visited regularly was an agricultural cooperative in Mancotal, department of Jinotega, in the northern highlands where coffee is produced. The *contras* frequently attacked cooperatives to terrorize the population and to disrupt agricultural production. The Mancotal cooperative had suffered through several attacks with many lives lost.

I traveled to Mancotal on March 1 to look into some reported *contra* kidnappings. I was shown typical Nicaraguan hospitality when Leonor Ramos, who had lost two children to the war, invited me to stay in the home she shared with her thirteen-year-old daughter, Reyna. They butchered a chicken for supper and then set out a folding cot for my use. Before falling asleep Reyna read a book out loud to herself by the light of a kerosene lamp. Finally Leonor convinced her to blow out the light. A full moon hung over the sleeping community.

Around 10:30 p.m. we awoke to the thunderous roar of gunfire and mortars raining down around us. Several hundred *contras* had surrounded the cooperative. Each mortar blast lit

Nicaragua en el año 1985 como miembros de WFP (Witness for Peace o Acción Permanente por la Paz), organización ecuménica que se opuso al apoyo que Estados Unidos brindaba a los contras. Paul permanecería durante los próximos cinco años trabajando con el equipo permanente. Pam fue parte de una delegación que estaría diez días, pero finalmente ella pasaría los siguientes siete años organizando y liderando delegaciones que viajaron a Nicaragua en su calidad de coordinadora regional del Pacífico Norte de WFP.

Conocí a Paul Dix a fines del año 1987, cuando me uní al grupo permanente de WFP. Como fotógrafo principal de la organización, Paul era especialista en tomar fotografías después de situaciones horriblemente traumáticas. Él irradiaba compasión y empatía y los nicaragüenses comprendían la necesidad de que esas fotografías fueran tomadas. Era necesario que la gente en los Estados Unidos supiera lo que hacía su país con los dólares que pagaban con sus impuestos.

Una de las comunidades que yo visitaba regularmente era una cooperativa agrícola ubicada en Mancotal, departamento de Jinetoga, en la zona montañosa norte, donde se produce café. Los contras atacaban con frecuencia las cooperativas con el fin de aterrorizar a la población e interrumpir la producción agrícola. La cooperativa de Mancotal había sufrido varios ataques y se habían perdido muchas vidas.

El primero de marzo yo había viajado a Mancotal para investigar la denuncia de una serie de secuestros efectuados por los contras.

up the sky like a bolt of lightning. I lay on the floor trembling with fear as two small boys ran into the house crying hysterically. The desperation of the moment was overwhelming.

Eventually the *contras* overran the cooperative's small self-defense militia and were outside Leonor's door shouting for everyone to get out. A shot rang out, and Reyna tumbled to the floor, never making a sound. I crawled over to her and began feeling in the darkness for a wound, finding her leg shattered.

After tying a coat around her leg, my thoughts returned to my own survival. I decided I better go out or be shot as well. Leaving Reyna's side became an enormous regret during my captivity. I felt like I had abandoned her and imagined her lying there bleeding to death.

I left the house with my arms raised declaring, "Don't shoot, I'm from the United States." An adolescent *contra* soldier responded, "We are Reagan's freedom fighters." The *contras* then forced me and a group of Nicaraguans, including two twelve-year-old boys, to leave with them and carry food and other items stolen from the cooperative. Four died in the attack.

During my captivity Witness for Peace sprang into action both in Nicaragua and the U.S. seeking our release. Paul began combing the countryside in an old truck along with fellow long-termers Rose O'Donnell and Doug Schirch. They correctly deduced that the *contras* would take me north

En esa ocasión recibí de Leonor Ramos la hospitalidad típica de los nicaragüenses. Ella había perdido a dos de sus hijos en la guerra y me había invitado a quedarme en su casa, que compartía con Reyna, su hija de trece años. Estando en casa mataron una gallina para la cena y después de comer sacaron un catre para que yo durmiera. Antes de quedarse dormidos, Reyna leyó un libro en voz alta a la luz de una lámpara de keroseno y finalmente Leonor la convenció de apagar la luz. La luna llena iluminaba la ya dormida comunidad.

Alrededor de las 10:30 de la noche nos despertó el ensordecedor ruido de una lluvia de disparos y morteros que caían a nuestro alrededor. Se trataba de varios cientos de contras que habían rodeado la cooperativa. Las explosiones de cada mortero iluminaban el cielo como rayos. Yo me tendí en el piso temblando de miedo mientras dos niños corrían dentro de la casa llorando, presos de una histeria incontrolable. La desesperación del momento era insoportable.

Finalmente, los contras invadieron y destruyeron a la pequeña milicia de autodefensa de la cooperativa, luego se apostaron fuera de la puerta de la casa de Leonor gritando y exigieron que todos saliéramos. Sonó un disparo y Reyna cayó al suelo sin hacer ruido alguno. Yo me arrastré hacia donde ella estaba, empecé a buscar en la oscuridad su herida y encontré su pierna completamente destrozada.

Después de atar un abrigo alrededor de su pierna, mis pensamientos volvieron a mi propia supervivencia. Entonces decidí que era mejor salir antes de que me dispararan a mí también. Dejar a Reyna se convirtió en motivo de enorme arrepentimiento

toward Honduras. At times they would hike into the hills showing my picture to anyone they encountered.

On March 9 the three came across a civilian truck that had been ambushed a few hours earlier by the same group of *contras* that were holding me; blood was still dripping from the truck to the ground. The driver had been killed instantly, and an eight-year-old passenger, Oscar Armas, had been taken to a hospital with severe head and arm injuries.

Paul, Rose, and Doug knew the *contras* were nearby and continued on despite the obvious risk of being ambushed themselves. Soon they encountered a farmer who said he had seen a foreigner with the *contras*. Another farmer pointed the way to where the *contras* were camped. The weeklong search over hundreds of miles with countless dead ends had finally paid off.

The *contras* readily agreed to free me but refused to release the one kidnapped Nicaraguan who had not managed to escape. The four of us refused to leave without him. The sun was getting low on the horizon but the *contras* didn't budge. Finally Paul told the leader that the churches in the U.S. were demanding the release of the Nicaraguan as well, and that they would get bad publicity if they didn't release us together. That argument carried the day.

My ordeal was over, but for the people of Nicaragua, the nightmare of the Contra War continued. Thousands of civilians were killed. Oscar Armas survived the ambush, but

durante mi cautiverio. Sentía como si la hubiera abandonado y me la imaginaba desangrándose hasta morir.

Salí de la casa con las manos arriba gritando: "¡No disparen, yo soy de los Estados Unidos!" y un soldado adolescente de los contras me respondió: "Somos los luchadores por la libertad de Reagan". Luego los contras nos forzaron a mí y a un grupo de nicaragüenses —incluyendo a dos niños de doce años de edad— a ir con ellos y cargar la comida y otras cosas que ellos habían robado a la cooperativa. Cuatro personas murieron en este ataque.

Durante mi cautiverio, WFP entró en acción —tanto en Nicaragua como en los Estados Unidos— buscando nuestra liberación. Paul comenzó a rastrear el campo en un camión viejo junto a dos voluntarios permanentes cuyos nombres eran Rose O'Donnell y Doug Schirch. Ellos habían deducido correctamente que los contras me llevarían al norte, hacia Honduras. A veces ellos trepaban las montañas para mostrar mi fotografía y preguntar por mí a cualquier persona que ellos encontraban en su camino.

El 9 de marzo los tres se encontraron con un camión civil que había sido emboscado algunas horas antes por el mismo grupo de contras que me tenían preso. La sangre de las víctimas goteaba todavía desde el camión al suelo. El conductor había sido asesinado y había muerto instantáneamente, mientras que un niño de ocho años, Oscar Armas, había sido llevado a un hospital con graves heridas a la cabeza y brazo.

Paul, Rose y Doug sabían que los contras estaban cerca pero continuaron a pesar del riesgo obvio para ellos de recibir una

required major brain surgery and amputation of an arm. To my great relief I was informed that Reyna had survived. Her leg required multiple surgeries and over a year's stay in the hospital. I met her five children during trips back to Nicaragua.

In 2002, twelve years after the war's end, Pam and Paul headed back to Nicaragua with plans for a book and a list of more than one hundred people they hoped to find, chosen from Paul's photographs taken during the war.

One person on the list was Fátima del Socorro Peña, who is pictured on the cover of this book as a little girl. Twice Pam and Paul made eight-hour bus journeys to the rural Nueva Guinea area with no luck. They also made two trips to Costa Rica because they heard she was living there in a place called Las Delicias. There turned out to be several Las Delicias and they came up empty-handed in all of them.

Finally a breakthrough on their third trip to Nueva Guinea: a distant relative told them where Fátima could be found. All that remained was another eight-hour bus trip to San Carlos, a boat trip down the San Juan River to Boca de Sábalos, then hitchhiking to Buena Vista, followed by a short walk through the hills. After two more hard days of travel, Pam and Paul were warmly received by Fátima. It had taken fifteen months to find her.

After eight years and four extended stays in Nicaragua, the search was complete. They had found almost everyone they had set out to locate. While the ultimate goal was the publica-

emboscada. Pronto ellos encontraron un campesino que había visto un extranjero en manos de los contras. Otro campesino indicó el camino donde los contras estaban acampando. La larga búsqueda de una semana a través de cientos de millas e innumerables callejones sin salida, finalmente había dado resultado.

Los contras accedieron a liberarme de buena gana pero ellos rehusaron liberar al nicaragüense secuestrado que no había logrado escapar. Nosotros cuatro rechazamos irnos sin él. El sol caía en el horizonte pero los contras no cedían. Finalmente Paul le dijo al líder que las iglesias de los Estados Unidos estaban exigiendo la liberación del nicaragüense también y que ellos podrían recibir una publicidad muy mala si ellos no nos liberaban juntos. El argumento los convenció.

Mi terrible experiencia había acabado, pero para el pueblo de Nicaragua, la pesadilla de la guerra de los contras continuaba. Miles de civiles fueron asesinados. Oscar Armas sobrevivió la emboscada, pero necesitó cirugía seria al cerebro y amputación del brazo. Para mi gran alivio, me informaron de que Reyna había sobrevivido. Su pierna necesitó múltiples cirugías y una larga convalecencia de un año en el hospital. Más tarde, en mis viajes a Nicaragua, pude encontrarme con ella y sus cinco hijos.

Doce años después, en el año 2002, Pam y Paul volvieron a Nicaragua con el plan de escribir un libro y con una lista de cien personas escogidas desde las fotografías que Paul había tomado durante la guerra y que ellos esperaban encontrar.

Una de las personas de aquella lista fue Fátima del Socorro

tion of this book, Pam and Paul's dedication to this project transcended the boundaries of journalism. It was an act of solidarity and a labor of love.

— RICHARD BOREN
ENVIRONMENTAL AND POPULAR EDUCATION ACTIVIST
MAGDALENA, SONORA, MÉXICO

[2003]

Oscar Daniel Armas Mairena, age 22, survivor of March 9, 1988, ambush, unable to work or study because of frequent epileptic seizures, with his mother, Santo Mairena Herrera. Quilalí.

Oscar Daniel Armas Mairena, de 22 años, sobreviviente de la emboscada del 9 de marzo de 1988, imposibilitado de trabajar o estudiar por los frecuentes ataques de epilepsia, con su madre, Santo Mairena Herrera. Quilalí.

Peña, cuya fotografía aparece en la portada de este libro cuando ella era una niña pequeña. Pam y Paul hicieron dos veces el viaje de ocho horas a la zona rural de Nueva Guinea sin tener la suerte de encontrarla. También hicieron dos viajes a Costa Rica porque habían escuchado que ella vivía allí en un lugar llamado Las Delicias. Sin embargo resultó que había varios lugares con el mismo nombre y de todos volvieron con las manos vacías.

Finalmente, en un tercer viaje a Nueva Guinea, ellos lograron dar con un pariente lejano quien les dijo dónde podían encontrar a Fátima. Todo lo que quedaba era otro viaje de ocho horas a San Carlos, un viaje en bote por el río San Juan hacia Boca de Sábalos y un aventón a Buena Vista, seguido de una caminata corta a través de las montañas. Después de dos días más de duro viaje, Pam y Paul fueron recibidos afectuosamente por Fátima. Encontrarla había tomado quince meses.

Después de ocho años y cuatro permanencias largas en Nicaragua, la búsqueda había terminado. Habían ubicado a casi todas las personas que ellos se habían propuesto encontrar. Aunque el objetivo final de su búsqueda fue la publicación de este libro, la dedicación que Pam y Paul han puesto en este proyecto trasciende los límites del periodismo. Este libro es un acto de solidaridad y de trabajo realizado con amor.

— RICHARD BOREN
ACTIVISTA EN EDUCACIÓN POPULAR Y MEDIOAMBIENTE
MAGDALENA, SONORA MÉXICO

[2003]
Reyna Isabel Ramos,
age 29, at home with
3 of her 5 children,
close to Jinotega.

*Reyna Isabel Ramos,
de 29 años, en casa
con 3 de sus 5 hijos,
cerca de Jinotega.*

Authors' Preface
Prefacio de los autores

ARRIVING IN MANAGUA IN 1985, WE PASSED MILES OF SHANTYTOWNS AS WE MADE OUR WAY TO THE WITNESS FOR PEACE HOUSE. Then we drove through the center of town without realizing it—much of the historic downtown remained rubble-strewn fields dotted with crumbling buildings, never rebuilt after the 1972 earthquake. But that first drive also took us by new community centers and public playgrounds. Though we traveled separately, we both felt the same excitement and tension of being in Nicaragua at a remarkable period in its history.

It was a hopeful time. In 1979 Sandinista revolutionaries had ousted the Somoza dictatorship that had ruled the country for decades. The new government had launched programs that were already making significant progress in education, literacy, and public health.

It was also a terrifying time. Our own country, the United States, was organizing and funding counterrevolutionary *(contra)* guerrilla forces to attack civilians, sabotage infrastructure, and overthrow the new government. We were horrified that our country was organizing this war of terror. We had both come to Nicaragua with the nonprofit organization Witness for Peace, hoping that by documenting the violence, we could help mobilize enough opposition in the United States to force the Reagan Administration to end the war.

There was impressive stateside organizing calling for an end to this war. Ultimately, however, it was not enough and

LLEGANDO A MANAGUA EN EL AÑO 1985, MIENTRAS HACÍAMOS NUESTRO CAMINO HACIA LA CASA DE ACCIÓN PERMANENTE POR LA PAZ, PASAMOS KILÓMETROS DE BARRIOS POBRES. Después pasamos por el centro de la ciudad sin darnos cuenta, porque gran parte del centro histórico, que permancecía como un campo de escombros con edificios desmoronados, nunca fue reconstruido después del terremoto de 1972. Pero ese primer recorrido también nos llevó por los nuevos centros comunitarios y espacios de recreación públicos. Luego, ambos viajamos por Nicaragua en forma separada, sintiendo el mismo entusiasmo y tensión de estar en Nicaragua en un extraordinario periodo de su historia.

Era un tiempo esperanzador. En 1979 los revolucionarios sandinistas habían derrocado la dictadura de Somoza que había regido el país por décadas. El nuevo gobierno había lanzado programas que ya habían producido progresos significativos en educación, alfabetización y salud pública.

Fue además un tiempo aterrador. Nuestro propio país, los Estados Unidos de Norteamérica, estaba organizando y financiando a las fuerzas guerrilleras contrarrevolucionarias (contras) para atacar civiles, sabotear la infraestructura y derrocar al nuevo gobi-erno. Nosotros estábamos horrorizados de que nuestro país fuera parte de la organización de esta guerra del terror. Habíamos ido a Nicaragua con la organización no lucrativa Acción Permanente por la Paz con la esperanza de poder documentar esta violencia y ayudar a motivar a nuestra gente en los Estados Unidos para que exigiera a la Administración Reagan el fin de esta

the United States continued its war until the Sandinistas lost the presidency to the U.S.-backed candidate in the 1990 elections.

After the defeat of the Sandinistas and the end of the Contra War, Paul came home from Nicaragua with thousands of photographs he had taken of victims of *contra* violence—and the belief that those images needed to be shared more widely. This belief was strengthened as time went on and we realized that we were not seeing anything in the U.S. mainstream media about changes that were happening after the revolution or about the aftermath of the Contra War. It was as if this era was being erased from the public consciousness.

OUR JOURNEY BACK

In 2002, we reviewed Paul's 1980s photographs and identified over one hundred Nicaraguans that we wanted to find again. We returned to Nicaragua with the hope of finding at least some of those individuals. We set off with a camera and tape recorder, and folders of Paul's old photographs. We knew we were facing a challenging task—in many cases we did not even have names of those in the photographs.

It took four trips and a total of seventeen months spread over eight years, but eventually we were able to locate nearly all the people we had set out to find. Generous Nicaraguans always seemed to make time to help us. Over and over, we'd step off a bus in some isolated community and start showing a few photographs to one or two people. Soon a crowd would gather, and usually someone would say we'd never find the

guerra.

En ese momento había mucha gente organizada en los Estados Unidos clamando por el final de esta guerra. Desafortunadamente, no fue suficiente, y Estados Unidos continuó su guerra hasta que los sandinistas perdieron la presidencia ante el candidato apoyado por los Estados Unidos en las elecciones de 1990.

Después de la derrota de los sandinistas y el fin de la guerra de los contras, Paul volvió a casa de Nicaragua con miles de fotografías que les había tomado a las víctimas de la violencia de los contras —y con la creencia de que estas imágenes debían ser compartidas con todo el mundo. Esta creencia se fortaleció con el tiempo, cuando nos dimos cuenta de que los medios de comunicación de Estados Unidos no estaban mostrando nada acerca de los cambios que estaban ocurriendo después de la revolución o sobre las consecuencias de la guerra de los contras. Fue como si esa época estuviera siendo borrada de la conciencia pública.

NUESTRO VIAJE DE VUELTA.

En el año 2002, al revisar las fotografías que Paul había tomado en los años ochenta identificamos a más de cien nicaragüenses que queríamos encontrar de nuevo. Regresamos a Nicaragua con la esperanza de encontrar por lo menos a algunas de estas personas. Partimos de viaje con una cámara, una grabadora y unos archivos de Paul con fotografías viejas. Sabíamos que estábamos enfrentando una tarea desafiante ya que en muchos casos no teníamos los nombres de aquellas personas que aparecían en las fotografías.

child in the photograph, who would now be grown and married with her own children. But then someone would recognize "Ana Maria's little girl," and would know which town the family had moved to. We'd climb on another bus, follow thread after thread, and finally locate that "child." In 2010, after our last return trip, we left Nicaragua with thousands of new photographs and several hundred hours of recorded testimonies.

We were amazed by the strength and fortitude of the Nicaraguans we found, and also by their grace and generosity. They are surviving, and many are finding ways to focus on the positive, despite the serious injuries and traumas they have endured. Many were grateful to talk to us, and for the copies of old photographs we were able to provide—sometimes the only ones they had of a family member who had died. People warmly invited us into their homes, always offered a cup of coffee or a meal, and sometimes put us up for the night. Perhaps most of all, we were surprised by their willingness to forgive the *contras* who had harmed them, and also to forgive us for not having been able to stop the war our government had waged against them.

The Book: Choices and Limitations

The people we interviewed were almost exclusively those in Paul's photographs from the 1980s—victims of *contra* violence. We also found and interviewed some former *contras*. We realized that many of them were victims in their own way— used by the United States to carry out its war, then later for-

Nos tomó cuatro viajes y un total de diecisiete meses desplegados en ocho años, pero con el tiempo localizamos casi a toda la gente que nos habíamos propuesto encontrar. Esto fue posible porque hubo nicaragüenses generosos que siempre encontraron tiempo para ayudarnos. Una y otra vez, nos bajábamos del autobús en alguna comunidad aislada y mostrábamos unas pocas fotografías a una o dos personas. Cuando esto ocurría, pronto una multitud se reunía y generalmente alguien decía que nunca lograríamos encontrar a la niña de la fotografía, la que seguramente estaría casada y con hijos. Pero finalmente alguien la reconocia: "la niña pequeña es la hija de Ana María" y afortunadamente sabía a que ciudad su familia se había trasladado. Entonces nos subíamos a otro bus y seguíamos dato tras dato hasta que finalmente localizábamos a aquella "niña". Después de nuestro último viaje, en el año 2010, dejamos Nicaragua con miles de fotografías nuevas y muchísimas horas de testimonios grabados.

Nos asombró el ánimo y la fuerza de los nicaragüenses con quienes nos encontramos y también nos asombró su gentileza y generosidad. Ellos son sobrevivientes, y muchos de ellos están buscando caminos para focalizarse en lo positivo, a pesar de las serias heridas y traumas que ellos han tenido que soportar. Muchos estaban agradecidos de hablar con nosotros y de recibir copias de viejas fotografías que nosotros pudimos llevarles, algunas veces la única fotografía que ellos tenían de un miembro de la familia que había muerto. La gente afectuosamente nos invitaba a entrar a sus casas y siempre nos ofrecía una taza de café o comida o nos invitaban a pasar la noche con ellos. Quizás más que nada nos

[1985]
Jícaro,
dept. of
Nueva Segovia.

Jícaro,
dpto. de
Nuevo Segovia.

gotten and not compensated with the land and support they were promised during the peace accords at the end of the war. Though we did interview some *contras,* we felt that we did not draw out their personal or candid histories and we ultimately

sorprendió su disposición a perdonar a los contras quienes les habían hecho daño, e incluso a perdonarnos por no haber sido capaces de parar la guerra que nuestro gobierno había hecho en contra de ellos.

EL LIBRO: SELECCIONES Y LIMITACIONES.

La gente que entrevistamos fue casi exclusivamente la que Paul había fotografiado en los años ochenta —víctimas de la violencia de los contras. Nosotros intentamos además encontrar y entrevistar a algunos ex miembros de la contra. Nos dimos cuenta que muchos de ellos fueron víctimas a su manera —usados por los Estados Unidos para llevar a cabo su guerra y más tarde olvidados sin ser compensados con la tierra y el apoyo que les habían prometido durante los acuerdos de paz al final de la guerra. Aunque entrevistamos a algunos contras sentimos que no logramos que salieran de sí mismos para contarnos sus historias personales en forma sincera y finalmente no incluimos estas entrevistas en este libro. Considerando los ocho años que nos tomó producir este libro, junto con nuestra edad avanzada, nos dimos cuenta de que teníamos que limitar el ámbito de nuestra investigación a las víctimas directas de la guerra patrocinada por los Estados Unidos, las mismas víctimas que Paul había fotografiado durante la guerra.

Aunque fotografiamos y grabamos los testimonios de cerca de cien personas de los contactos anteriores de Paul, pudimos incluir sólo treinta de ellos. De esos treinta, incluimos los testi-

did not include any of these interviews in the book. Given the eight years it took to produce this book, along with our own advancing ages, we realized we had to limit our scope to the direct victims of the U.S.-sponsored war, victims Paul had photographed during the war.

While we photographed and recorded testimony from nearly one hundred of Paul's earlier contacts we were able to include only thirty people in this book. Of those thirty, we included testimony for only nineteen people.

Transcribing the taped testimonies and then translating them was a long and challenging process. We have made every effort in our transcriptions to preserve the unique grammatical forms, words, and idioms of the Nicaraguan rural people as they were recorded on our cassette player, only making changes if necessary for the reader's understanding. To honor the local language, we left intact the unusual sentence structure, verb tenses, and expressions. In many cases, for chronological coherence, the order of the sentences in the testimonies was changed. This approach was also followed in reporting the two testimonies given in English. We tried to preserve their flavor, but the reader will note that the English is very different from what is spoken in other parts of the English-speaking world. We hope that in our translations and editing we have been faithful to their intended meanings.

Deciding which segments of testimonies to include in this book was a difficult job. All of the testimonies we collected came from the hearts of Nicaraguans, often told through tears

monios de sólo diecinueve personas.

Transcribir y traducir los testimonios desde las cintas de grabación fue un largo y desafiante proceso. En nuestras transcripciones hicimos esfuerzos por preservar las formas gramaticales de cada testimonio, las palabras y el idioma de la gente rural de Nicaragua, tal como fueron grabados en nuestra grabadora, haciendo cambios sólo cuando era necesario para un mejor entendimiento de nuestros lectores. En honor al lenguaje local, dejamos intactas las estructuras inusuales de algunas frases u oraciones, tiempos verbales y expresiones idiomáticas propias de los nicaragüenses. En muchos casos, para una mejor coherencia cronológica, el orden de las oraciones en los testimonios fue cambiado. Este enfoque fue seguido además en el reporte de los dos testimonios dados en inglés. Tratamos de preservar el sabor de los testimonios, pero el lector notará que el inglés es muy diferente al que se habla en otras partes del mundo anglohablante. Esperamos que las traducciones y la edición que hemos hecho sean fieles al significado que nuestros entrevistados quisieron dar a sus testimonios.

La decisión sobre cuál segmento o fragmento de los testimonios incluir en este libro fue un trabajo difícil. Todos los testimonios que recogimos vienen de lo más profundo de los corazones de los nicaragüenses, con frecuencia contados entre lágrimas y con emociones muy dolorosas. Lamentamos no ser capaces de incluir todos los testimonios. No obstante, estos testimonios y fotografías adicionales serán a la larga preservados en archivos históricos y compartidos a través de nuestro sitio en la red de Internet.

and with painful emotions. We were sorry not to be able to include them all. However, additional testimonies and photographs will eventually be preserved in historical archives, and shared on our web page.

BREAKING THE SILENCE

U.S. policies and interventions in Nicaragua have played a major role in supporting brutal and corrupt dictators, inciting violence, and manipulating the country's economy.

Nicaraguans are surviving, but many are hanging on by their fingernails. Two decades after the Contra War ended, the population is still recovering from the physical and emotional scars it left, and the damage to the economy.

The current political leadership in Nicaragua and the U.S. offers the possibility for a new era of justice and improved relations. But grassroots action and world public opinion are the only powers that can hold the leaders of the U.S., Nicaragua, and other countries to high standards of conduct, accountability and caring for their own people.

We hope the photographs and stories in this book will help citizens of the U.S and the world learn from the chapter of history that unfolded in Nicaragua in the 1980s. We also hope it will inspire people to break the silence—to challenge military, trade, and aid policies that continue to inflict violence and poverty on so many people in Nicaragua and around the globe—and to commit to the hard work of dialogue and nonviolent conflict resolution.

ROMPIENDO EL SILENCIO.

Las políticas e intervenciones de los Estados Unidos en Nicaragua han jugado un rol preponderante en el mantenimiento brutal de dictadores corruptos, incitando a la violencia y manipulando la economía de este país.

Los nicaragüenses están sobreviviendo, pero agarrados por sus propias uñas. Dos décadas después del fin de la guerra de los contras, la población está todavía recuperándose de las cicatrices físicas y emocionales y de los daños a la economía que esta guerra dejó.

Los líderes políticos actuales de Nicaragua y Estados Unidos ofrecen la posibilidad de una nueva era de justicia y mejoramiento de las relaciones entre ambos países. Pero la acción de la base y la opinión pública mundial son los únicos poderes que pueden tener la capacidad de llevar a los líderes de Estados Unidos, Nicaragua y otros países a alcanzar los más altos niveles de conducta, responsabilidad y cuidado para su propia gente.

Esperamos que las fotografías e historias que aparecen en este libro ayuden a los ciudadanos de Estados Unidos y al mundo a aprender de este capítulo de la historia de Nicaragua de los años ochenta. También esperamos que este libro inspire a la gente a romper el silencio —para desafiar las políticas militares, de comercio y ayuda que continúan inflingiendo violencia y pobreza a tanta gente en Nicaragua y alrededor del mundo— y a comprometerse con el arduo trabajo de resolución de conflictos por la vía del diálogo y la no violencia activa.

Introduction
Introducción

THE UNITED STATES WAGED WAR ON NICARAGUA THROUGHOUT MOST OF THE 1980S. Congress did not officially declare it a war, and the U.S. did not send its own military troops to confront Nicaraguan armed forces. Instead, President Ronald Reagan and his administration recruited a proxy army to wage war against the civilian population of Nicaragua, and to attack the country's public schools, health clinics, agricultural cooperatives, and economy and infrastructure in general. Public buildings and transport were sabotaged, public officials were assassinated, and civilians were raped, kidnapped, tortured, maimed and murdered.

Reagan's aim was to destabilize and eventually bring down the Sandinista government that had won control of the country in 1979 after decades of struggle against a brutal U.S.-supported Somoza family dictatorship. The irregular army he used was recruited from Somoza's former National Guard and loosely organized bands of Nicaraguan opposition. These would become known as the *contras*.[1]

The so-called "low-intensity conflict" was intended to gradually erode public support for the Sandinista government via propaganda campaigns and sporadic sabotage and violence over an extended period. Attacks were intended to directly damage public infrastructure, but also to frighten and terrorize civilians, especially those who supported the Sandinistas.

Over the course of the war, more than thirty thousand Nicaraguans were killed.[2] Thousands more were injured or kidnapped. The U.S. ended the war when the Sandinista candidate lost to the U.S.-backed opposition candidate in the presidential elections of 1990.

A LONG HISTORY OF U.S. INTERVENTION

The Contra War was just one in a long series of interventions by the United States in the affairs of Nicaragua. Over the past century and a half, the U.S. has bombed Nicaragua; sent in the Marines; occupied

A LO LARGO DE LOS OCHENTA, ESTADOS UNIDOS HIZO LA GUERRA EN NICARAGUA SIN QUE EL CONGRESO OFICIALMENTE LA DECLARARA, Y SIN ENVIAR SUS PROPIAS FUERZAS MILITARES A CONFRONTAR LAS FUERZAS ARMADAS NICARAGÜENSES.

En lugar de eso, el Presidente Ronald Reagan y su administración reclutaron otro ejército, para que actuara como sus agentes, e hiciera la guerra en contra de la población de Nicaragua, atacando las escuelas públicas, clínicas de salud, cooperativas agrícolas y la economía y la infraestructura de este país en general. Los edificios y el transporte públicos fueron saboteados, oficiales públicos fueron ejecutados y muchos civiles fueron violados, secuestrados, torturados, mutilados y asesinados.

El objetivo de Reagan fue desestabilizar, y con el tiempo derrocar el gobierno sandinista que había ganado el control del país en 1979, después de décadas de lucha en contra de la brutal dictadura de la familia Somoza, apoyada por los Estados Unidos. El ejército irregular que Reagan usó fue reclutado de la antigua Guardia Nacional de Somoza e indirectamente de bandas organizadas de la oposición. Ambas llegaron a ser conocidas como los contras.[1]

El llamado "conflicto de baja intensidad" buscaba erosionar el apoyo público para el gobierno sandinista vía campañas de propaganda, sabotajes esporádicos y violencia en un periodo prolongado. Los ataques buscaban deliberadamente producir daños directos en la infraestructura pública, pero también amedrentar y aterrorizar a los civiles, especialmente a aquellos que apoyaban a los sandinistas.

En el transcurso de la guerra, más de treinta mil nicaragüenses fueron asesinados.[2] Otros miles fueron heridos o secuestrados. Estados Unidos terminó la guerra sólo cuando en las elecciones del año 1990, el candidato sandinista perdió ante el candidato de la oposición apoyado por los Estados Unidos.

the country for decades; supported a brutal dictatorship and trained its National Guard; intervened to protect U.S. mercenaries, corporate investors, and property holders; helped start the country's Central Bank; collected tariffs in Nicaragua's ports; mined its harbors; sent (and withheld) economic and disaster relief aid; pressured other countries and international agencies to withhold aid; imposed trade embargoes and boycotts; financed opposition political parties; and threatened and imposed economic sanctions. (See Mark Lester's article "In the Name of U.S. National Security" on page 200 and "Chronology" on page 209 for more detail.)

The United States has used varying rhetoric to justify its interventions. It has claimed to be protecting U.S business interests or national security, combating communism, protecting democracy and human rights, or encouraging free trade and globalization of markets. The real objectives and results of U.S. intervention in Nicaragua have not always matched the rhetoric, and it can be debated whether particular interventions were legal under international law, or were acts of war.

The sheer size and power of the United States and its proximity to Nicaragua mean it will continue to be a major player in the country's affairs. The U.S. remains Nicaragua's largest trading partner,[3] and U.S. policies will almost certainly continue to dominate the day-to-day reality for residents of the country and the region.

Sandino and the Sandinistas

Augusto Sandino is a national hero in Nicaragua for his role in trying to break the historical dynamic of U.S. intervention and occupation, and the cycles of corruption, violence and poverty that afflicted the country. From 1927 until he was assassinated in 1934, he led a campaign of resistance against the U.S. occupation of the country.

In the early 1960s Carlos Fonseca, Tomás Borge, and Silvio Mayorga founded the Sandinista Front for National Liberation (FSLN), named

La guerra de los contras fue una más de una larga serie de intervenciones de los Estados Unidos en los asuntos internos de Nicaragua. En el último siglo y medio, los Estados Unidos ha bombardeado a Nicaragua, enviado Marines y ocupado el país por décadas. Ha apoyado una brutal dictadura y entrenado su Guardia Nacional. Ha intervenido y protegido a mercenarios norteamericanos, inversionistas corporativos y dueños de propiedades. Ha ayudado a empezar el Banco Central del país; recaudado aranceles en los puertos de Nicaragua; minado sus puertos; enviado y negado ayuda para la economía y los desastres naturales. Ha presionado a otros países y agencias internacionales a negar ayuda imponiendo embargos y boicots comerciales. Ha financiado a los partidos políticos de oposición; y he amenazado e impuesto sanciones económicas. (Para más detalles ver el artículo de Mark Lester "En nombre de 'la doctrina de seguridad nacional' de los Estados Unidos de Norteamérica" en la página 200 y la "Cronología" en la página 209.)

La retórica que Estados Unidos ha usado para justificar sus intervenciones ha sido variada. Ha alegado estar protegiendo los intereses en los negocios y la Seguridad Nacional de los Estados Unidos, combatiendo el comunismo, protegiendo la democracia y los derechos humanos y fomentando el libre comercio y la globalización de los mercados. Pero los objetivos y los resultados reales de la intervención norteamericana en Nicaragua no han correspondido siempre con la retórica que se ha usado y esto, guste o no, puede ser debatido si estas intervenciones fueron legales bajo la ley internacional o fueron actos de guerra.

El gran tamaño y poder de Estados Unidos y su proximidad con Nicaragua significa que continuará siendo un actor principal en los asuntos de este país. Estados Unidos sigue siendo el mayor socio comercial de Nicaragua[3] y sus políticas continuarán ciertamente dominando la realidad diaria del país y de la región.

after Sandino, and with a platform focused on the same ideals: sovereignty, public education and health care, mass literacy, land reform, worker rights, reducing poverty, equality for women, and a "non-aligned" foreign policy. Throughout the 1960s and '70s the FSLN organized rural peasants, urban poor, and university students.

This organizing, accompanied with broad-based armed struggle against Somoza's National Guard, brought the Sandinistas to power in July 1979. Almost immediately, the Sandinistas expanded free education and health care programs. A nationwide campaign reduced illiteracy rates from an estimated 50 to 13 percent in five months.[4] Extensive immunization programs helped eradicate polio and dramatically reduced measles. Many new community health clinics and child nutrition and rehydration centers were built. Significant reductions in malaria, infant diarrhea, and infant mortality were achieved.[5] Prices of basic commodities

SANDINO Y LOS SANDINISTAS.

Augusto Sandino es un héroe nacional en Nicaragua por su rol en tratar de quebrar la dinámica histórica de Estados Unidos de intervención y ocupación, y por intentar romper los ciclos de corrupción, violencia y pobreza que afligieron a su país. Desde 1927 hasta 1934 —cuando fue asesinado— lideró una campaña de resistencia en contra de Estados Unidos por la ocupación del país.

A principios de los años sesenta Carlos Fonseca, Tomás Borge y Silvio Mayorga fundaron el Frente Sandinista de Liberación Nacional (FSLN) —en honor a Sandino— con una plataforma focalizada en los mismos ideales de: soberanía, educación pública y atención médica para todos, alfabetización masiva, reforma agraria, derechos de los trabajadores, reducción de la pobreza, igualdad para las mujeres y una política exterior dentro del grupo de países no alineados. A través de los sesenta y setenta el FSLN organizó a los campesinos rurales, a los pobres en las ciudades y a los estudiantes universitarios.

Esta organización, acompañada de una amplia lucha armada en contra de la Guardia Nacional de Somoza, llevó a los sandinistas al poder en julio de 1979. Casi inmediatamente, los sandinistas aumentaron la educación gratuita y los programas de atención médica. Una campaña a nivel nacional redujo en cinco meses los niveles de analfabetismo de un 50 a un 13 por ciento.[4] Extensivos programas de vacunación ayudaron a erradicar la polio y a reducir dramáticamente el sarampión. Se construyeron muchas clínicas nuevas de salud y centros de nutrición y rehidratación. Se alcanzaron reducciones significativas de la malaria, diarrea infantil y la mortalidad infantil.[5] Los precios de los productos básicos fueron controlados. Las tierras que habían sido propiedad del dictador Somoza fueron confiscadas y organizadas para funcionar como granjas o cooperativas agrícolas o redistribuidas a campesinos sin tierra. Algunas industrias fueron nacionalizadas. Los pequeños productores tuvieron acceso a crédito.[6] Estos programas

[1985]
Lunch program for children in Jumuyca, a cooperative and resettlement camp for refugees. Susucayán, dept. of Nueva Segovia.

Programa de almuerzo para niños en Jumuyca, una cooperativa y asentamiento para refugiados. Susucayán, dpto. de Nuevo Segovia.

were controlled. Land that had been owned by the former dictator was confiscated and organized into state-run farms or agricultural cooperatives, or redistributed to landless peasants. Some industries were nationalized. Small producers were given access to loans.[6] These innovative social programs were not only offering models for how other poor countries could improve living conditions for marginalized people, they were often showing how this could be accomplished in environmentally sound ways.

As the Contra War progressed more of the Nicaraguan budget had to be directed toward defense. The Nicaraguan economy was also failing as a result of the U.S. trade embargo, international monetary policies, spiraling inflation, and the rebuilding necessitated by war and national disasters. As a result the Sandinista government had to reduce spending on public education and healthcare programs. The U.S.-backed administration that followed the Sandinista government in the 1990s further reduced spending on many of these programs, and health and literacy trends were reversed.[7]

NICARAGUA TODAY

Nicaragua today is the poorest country in Central America, and the second poorest country in the Western Hemisphere. The country has been ravaged by natural disasters, war, and corruption. An estimated 50 percent of Nicaraguans live below the poverty line.[8] Less than half the high school age population attends secondary school.[9]

Under international free trade policies in recent years, small farmers are less able to compete with subsidized agricultural imports from the U.S. Now many find work providing low-wage labor for international assembly plants in the Free Trade Zones, making apparel for the international market. Many others find it necessary to leave the country to find work. The economy is highly dependent on the income that workers abroad send home. In 2007 remittances accounted for 12 percent of the Gross Domestic Product.[10]

sociales innovadores no solamente fueron modelos para que otros países pobres pudieran mejorar las condiciones de vida de la gente marginalizada, sino que además mostraron cómo se podía lograr esto de manera sana para el medio ambiente.

A medida que progresó la guerra de los contras, gran parte del presupuesto nicaragüense tuvo que ser dirigido a defensa. La economía de Nicaragua cayó también como resultado del embargo comercial de Estados Unidos, las políticas monetarias internacionales, el espiral de inflación y la reconstrucción que se hizo necesaria por la guerra y los desastres naturales. Como resultado, el gobierno sandinista tuvo que reducir el gasto público en educación y programas de atención médica. La administración posterior al gobierno sandinista que fue apoyada por Estados Unidos en los noventa, redujo aun más el gasto en muchos de estos programas y los avances logrados en salud y alfabetización dieron marcha atrás.[7]

NICARAGUA HOY.

Nicaragua es hoy el país más pobre de América Central y el segundo país más pobre de Occidente. El país ha sido devastado por los desastres naturales, la guerra y la corrupción. Se estima que un 50 por ciento de los nicaragüenses vive bajo la línea de pobreza.[8] Menos de la mitad de las personas en edad de ser educadas en una escuela secundaria asiste a ellas.[9]

En años recientes, bajo las políticas internacionales de libre comercio, los pequeños agricultores son menos capaces de competir con las importaciones agrícolas subsidiadas de los Estados Unidos. En la actualidad, muchos encuentran trabajo ganando un salario mínimo, trabajando para plantas internacionales de ensamblaje [maquiladoras] en las zonas de libre comercio, haciendo ropa para el mercado internacional. Muchos otros se ven en la necesidad de salir del país para encontrar un trabajo. La economía es altamente dependiente del ingreso que los trabajadores en el exterior envían a sus casas. En el año 2007 las remesas representaron el 12 por ciento del producto interno bruto.[10]

IMAGINING A BETTER FUTURE

Nicaragua has a long way to go to overcome the trauma of past decades of violence, and to break the cycles of corruption, poverty, and dependence on foreign aid.

On the pages that follow are photographs and stories of ordinary Nicaraguans affected by the U.S.-sponsored Contra War in the 1980s. These are followed by selected segments of personal testimonies for some of the individuals. Our hope is that these images and words of the people of Nicaragua can help inform a new chapter of U.S.-Nicaragua relations—one that is based on more just and humane trade and aid policies, and that leads to a more optimistic future for all Nicaraguans.

Notes

1. The counterrevolutionary movement was called the *contra,* the resistance, or the *Guardia* (referring to Somoza's National Guard); and the participants were called *contras,* resistance fighters, *guardias,* or *commandos.*

2. Thomas W. Walker, *Nicaragua: Living in the Shadow of the Eagle,* 4th ed. (Boulder: Westview Press, 2003), 56.

3. U.S. Embassy, Managua, Nicaragua. "Chapter 1: Doing Business in Nicaragua," (Washington, DC: U.S. Dept. of State, 2010), http://Nicaragua.usembassy.gov/chapter1.html.

4. Dr. Ulrike Hanemann, "Nicaragua's Literacy Campaign," (paper commissioned for the Education for All Global Monitoring Report 2006, Literacy for Life), 8, http://unesdoc.unesco.org/images/0014/001460/146007e.pdf.

5. Tim Merrill, ed., "Nicaragua: A Country Study, (Health chapter)," (Washington, DC: GPO for the Library of Congress, 1993), http://countrystudies.us/nicaragua/27.htm.

6. Walker, *Nicaragua: Living in the Shadow of the Eagle,* 4th ed., 89-98.

7. Ibid., 130-135

8. International Monetary Fund, "Nicaragua: Poverty Reduction Strategy Paper," Country Report No. 10/108 (Washington, DC: IMF, 2010), 8, http://www.imf.org/external/pubs/ft/scr/2010/cr10108.pdf.

9. UNICEF, "At a Glance: Nicaragua," http://www.unicef.org/infobycountry/Nicaragua_statistics.html.

10. United Nations Development Programme, "Human Development Report 2009, Overcoming Barriers: Human Mobility and Development," Statistical Annex Table E International financial flows: remittances, official development assistance and foreign direct investment, (New York: UNDP, 2009), 59, http://hdrstats.undp.org/en/indicators/57.html.

IMAGINANDO UN FUTURO MEJOR.

Nicaragua tiene mucho por hacer para superar el trauma de la violencia de las décadas pasadas y quebrar los ciclos de corrupción, pobreza y dependencia de la ayuda extranjera.

En las páginas que siguen, hay fotografías e historias de gente común de Nicaragua, personas que fueron afectadas por la guerra de los contras de los años ochenta, patrocinada por los Estados Unidos. Éstas van acompañadas de testimonios seleccionados de algunas de estas personas. Nuestra esperanza es que estas imágenes y palabras del pueblo de Nicaragua puedan ayudar a informar un nuevo capítulo de las relaciones entre Estados Unidos y Nicaragua, uno que esté basado en políticas más justas y humanas de apoyo económico y comercial; políticas que lleven a un futuro más optimista para todos los nicaragüenses.

Notas

1. El movimiento contrarrevolucionario fue llamado la contra, la resistencia o la Guardia (refiere a la Guardia Nacional de Somoza); y los participantes fueron llamados contras, luchadores de la resistencia, guardias, o comandos.

2. Thomas W. Walker, *Nicaragua: Living in the Shadow of the Eagle,* 4th ed. (Boulder: Westview Press, 2003), 56.

3. Embajada de los EE.UU., Managua, Nicaragua. "Chapter 1: Doing Business in Nicaragua." http://Nicaragua.usembassy.gov/chapter1.html.

4. Dr. Ulrike Hanemann, "Nicaragua's Literacy Campaign" (paper commissioned for the Education for All Global Monitoring Report 2006, Literacy for Life), 8, http://unesdoc.unesco.org/images/0014/001460/146007e.pdf.

5. Tim Merrill, ed., "Nicaragua: A Country Study, (Health chapter)," (Washington, DC: GPO for the Library of Congress, 1993), http://countrystudies.us/nicaragua/27.htm.

6. Walker, *Nicaragua: Living in the Shadow of the Eagle,* 4th ed., 89-98.

7. Ibid., 130-135

8. Fondo Monetario Internacional, "Nicaragua: Poverty Reduction Strategy Paper," Country Report No. 10/108 (Washington, DC: IMF, 2010), 8, http://www.imf.org/external/pubs/ft/scr/2010/cr10108.pdf.

9. UNICEF, "At a Glance: Nicaragua," http://www.unicef.org/infobycountry/Nicaragua_statistics.html.

10. United Nations Development Programme, "Human Development Report 2009, Overcoming Barriers: Human Mobility and Development," Statistical Annex Table E International financial flows: remittances, official development assistance and foreign direct investment, (New York: UNDP, 2009), 59, http://hdrstats.undp.org/en/indicators/57.html.

It is much easier to begin a war than to end it.
And even more difficult to repair the invisible consequences,
those stains on the soul that can never be erased.

—CARLOS POWELL
WINNER IN THE HUMAN RIGHTS CATEGORY OF THE
2002 JUAN RULFO INTERNATIONAL WRITERS AWARD

Es mucho más fácil comenzar la guerra que terminarla.
Y más dificíl aun reparar las secuelas invisibles,
esas manchas del alma que no se borran jamás.

—CARLOS POWELL
GANADOR EN LA CATEGORÍA DE DERECHOS HUMANOS EN 2002
DEL PREMIO JUAN RULFO PARA ESCRITORES INTERNACIONALES

Surviving the Legacy

Sobreviviendo el legado

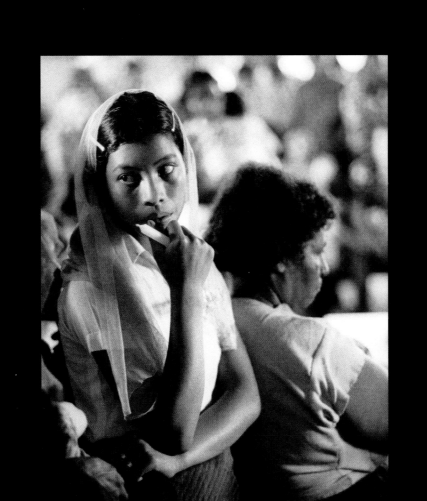

María Auxiliadora Centeno Centeno

Rice without beans just isn't the same.

—MARÍA AUXILIADORA CENTENO
Managua, November 21, 2004

PAUL FIRST MET MARÍA AUXILIADORA IN 1985 in an orphanage in Yalí, a small town eighty-five miles north of Managua in the department of Jinotega. Earlier, she and her family had lived in a farming cooperative north of Yalí. After María's father was killed defending the cooperative on January 16, 1984, her mother placed her in an orphanage. When Paul took her photograph in 1985, he failed to record her name.

Eighteen years later we circulated this photograph in Yalí and were repeatedly told that only a mother would be able to identify her child in such a picture where one could barely see the girl's face. We had almost lost hope when we found ourselves visiting with Cristina Centeno Centeno and she assured us, without a doubt, that the child in the photograph was her daughter. She even remembered the skirt that María was wearing in the picture.

Cristina was able to give us an approximate address for María in Managua, in a poor neighborhood, Milagro de Dios. Again, after much searching, and after almost giving up, we found María struggling to survive, with a seven-year-old son and an alcoholic husband.

Testimony on page 154

Arroz sin frijoles no es lo mismo.

—MARÍA AUXILIADORA CENTENO
Managua, 21 de noviembre de 2004

LA PRIMERA VEZ QUE PAUL CONOCIÓ A MARÍA AUXILIADORA FUE EN 1985, en un orfanato en Yalí, un pequeño pueblo 130 kilómetros al norte de Managua, en el departamento de Jinotega. Previamente, ella y su familia habían vivido en una cooperativa de agricultura al norte de Yalí. Después de que su padre fuera asesinado el 16 de enero de 1984 defendiendo su cooperativa, su madre la internó en un orfanato. Cuando Paul le tomó una foto en 1985, pasó por alto apuntar su nombre.

Dieciocho años más tarde circulamos esta foto por Yalí, y reiteradamente nos decían que solamente una madre sería capaz de identificar a su hija en una foto donde no se ve muy bien la cara a la niña. Casi habíamos perdido la esperanza cuando, visitando a Cristina Centeno Centeno, nos aseguró que, sin duda, la niña de la foto era su hija. Incluso recordaba la falda que llevaba María en la foto.

Cristina pudo darnos un domicilio aproximado de María en Managua, en un barrio pobre, Milagro de Dios. Nuevamente, después de mucha búsqueda y casi sin esperanza, encontramos a María luchando por sobrevivir, con un hijo de siete años y un marido alcohólico.

Testimonio en la página 154

[2004]
María Auxiliadora, age 27,
on her way to work in assembly
plant. Security police approaching
photographer to ask him to leave.
Managua.

*María Auxiliadora, de 27 años,
rumbo al trabajo en la maquiladora.
Los guardias de seguridad se acercan
al fotógrafo para pedirle que se vaya.
Managua.*

[1985]
María Auxiliadora, age 7,
in the orphanage. Yalí.

*María Auxiliadora, de 7 años,
en el orfanato. Yalí.*

Luz Mabel Lumbí Rizo

Luz Mabel Lumbí Rizo was twenty months old, sleeping in her bed when *contras* shot and threw grenades into her home. This happened at eleven at night on December 8, 1986, in the community of La Unión, between El Cuá and San José de Bocay, in the department of Jinotega. The attack left her father and thirty-eight-day-old sister dead, and five members of the family wounded. A bullet had shattered Luz Mabel's right arm.

According to Élida del Carmen, Luz Mabel's mother, one of the attackers was a brother-in-law and a collaborator with the *contras*. She recognized him when, at one point during the attack, he pushed his way into the house.

Earlier in the year, on the fourth of July, four men—including the same brother-in-law—had robbed them of their money and a tape recorder at gunpoint. They threatened to throw a bomb into the house and said they came because the Lumbís were *piricuacos* ("*rabid dogs,*" a term frequently used by *contras* when referring to Sandinistas). They warned the Lumbís that if they were reported, they would return. José Francisco, husband of Élida del Carmen, left in the early morning of the next day to report the incident to the Sandinistas.

Luz Mabel Lumbí Rizo tenía veinte meses y estaba dormida en su cama cuando los contras dispararon y lanzaron granadas hacia adentro de su hogar. Esto sucedió a las once de la noche, el 8 de diciembre de 1986, en la comunidad La Unión, que se halla entre El Cuá y San José de Bocay, en el departamento de Jinotega. El ataque provocó la muerte de su padre y de su hermanita de treinta y ocho días, y dejó heridos a cinco miembros de la familia. Una bala había destrozado el brazo derecho de Luz Mabel.

Según Élida del Carmen, la madre de Luz Mabel, uno de los asaltantes era su cuñado y colaborador de los contras. Ella lo reconoció durante el ataque cuando él empujó la puerta y entró por un instante en la casa.

A principios del año, el cuatro de julio, cuatro hombres —incluyendo al mismo cuñado— les habían robado su dinero y una grabadora a punta de pistola. Ellos los amenazaron con tirar una bomba en la casa y dijeron que venían porque los Lumbí eran "piricuacos" ("perros rabiosos", un término frecuentemente usado por la contra para referirse a los sandinistas). Les advirtieron a los Lumbí que si los denunciaban, volverían. José Francisco, el marido de Élida del Carmen, salió temprano al día siguiente para denunciarlos con los sandinistas.

Fue una larga noche después del ataque del 8 de diciembre.

It was a long night after the December 8 attack. They waited in the house until around eight in the morning when Sandinista soldiers arrived with a nurse, and the process of treatment and evacuation to different hospitals began. According to Élida del Carmen, the family had no weapons and had never been connected in any way to the Sandinistas.

What happened to the Lumbí family is an example of what often occurs in civil wars and revolutions as age-old grievances, feuds, and jealousies within families and neighbors explode with violence. Military training, easy access to weapons, and license to use them are the norm, and by simply labeling someone "the other side" one can use a political cover to violently settle a private dispute. This was done by both sides during the Contra War.

Included with this testimony is a 1987 drawing by Luz Mabel's twelve-year-old sister, Josefa Lumbí Rizo. It depicts the December 8 attack on the home of the Lumbí family. Josefa described the drawing saying that her brothers are trying to hold the doors shut while one *contra* is throwing grenades through a window and another is shooting into the house, hitting Luz Mabel. Her father and thirty-eight-day-old sister lie dead on the floor.

Testimony on page 156

Esperaron en la casa hasta las ocho de la mañana, cuando llegaron los militares sandinistas con una enfermera para empezar el proceso de tratamiento de los heridos y la evacuación de éstos a diferentes hospitales. Según Élida del Carmen, la familia ni tenía armas ni estaba conectada en forma alguna con los sandinistas.

Lo que le sucedió a la familia Lumbí es un ejemplo de lo que ocurre con frecuencia en guerras civiles y revoluciones cuando antiquísimas quejas, disputas y envidias entre familias y vecinos estallan con violencia. Entrenamiento militar, fácil acceso a armas y la licencia para usarlas es la norma, y simplemente por calificar a alguien como del "otro lado", uno puede usar un encubrimiento político para ajustar cuentas violentamente sobre una disputa privada. Esto ocurrió por ambos lados durante la guerra de los contras.

Junto con este testimonio de Luz Mabel, se incluye un dibujo del año 1987, hecho por su hermana de doce años, Josefa Lumbí Rizo. El dibujo representa el ataque del 8 de diciembre a la casa de la familia Lumbí. Josefa explica el dibujo diciendo que sus hermanos están tratando de mantener las puertas cerradas mientras un contra está tirando granadas por la ventana y el otro está disparando, alcanzando a Luz Mabel. Su padre y su hermanita de treinta y ocho días de edad están muertos en el suelo.

Testimonio en la página 156

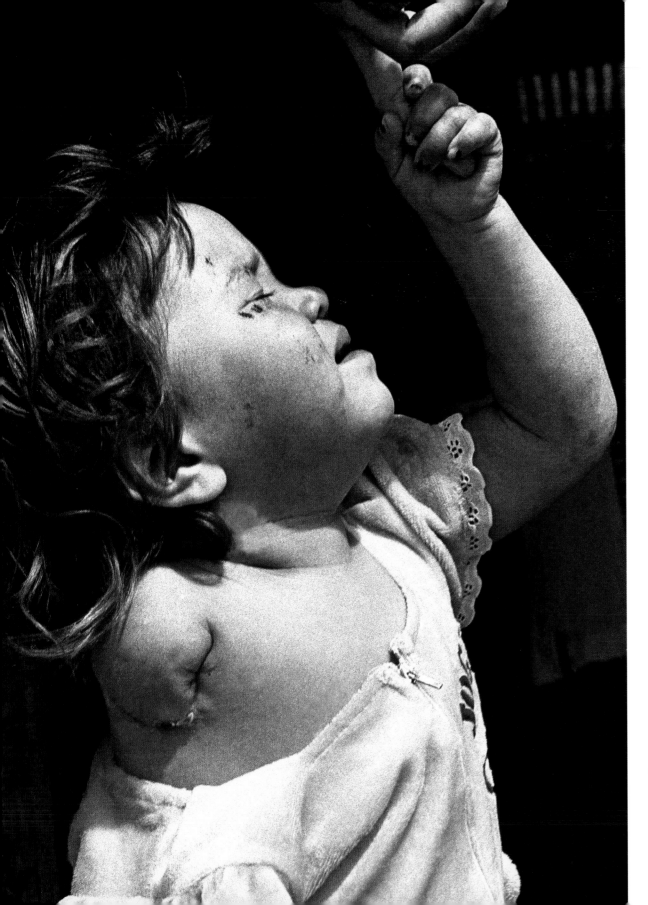

[1987]

Luz Mabel, age 22 months.
Jinotega.

*Luz Mabel, a la edad de
22 meses. Jinotega.*

Yes, and my arm also. It's there.
It's buried with him.

—LUZ MABEL LUMBÍ RIZO
La Unión, February 21, 2003

Sí, y el brazo mío también. Está allá.
Está enterrado con él.

—LUZ MABEL LUMBÍ RIZO
La Unión, 21 de febrero de 2003

[2003]
Luz Mabel, age 17,
and daughter, Luz Noelí,
age 9 months. La Unión.

Luz Mabel, de 17 años
y su hija Luz Noelí, a la
edad de 9 meses. La Unión.

[2003]

Josefa Lumbí Rizo, age 28, and
daughter, Claribel de Jesús, age 2.
La Unión, dept. of Jinotega.

*Josefa Lumbí Rizo, de 28 años y
su hija Claribel de Jesús, de 2 años.
La Unión, dpto. de Jinotega.*

[1987]
Drawing by
Josefa Lumbí Rizo, age 12,
depicting the *contra* attack
on their home in La Unión,
dept. of Jinotega.

*Dibujo de
Josefa Lumbí Rizo, de 12 años,
representando el ataque de la
contra a su hogar en La Unión,
dpto. de Jinotega.*

Alexsey Antonio Zúniga Martínez
Silvio Antonio Cerna Zúniga

*They clearly saw that it was a woman with
a child and that they were civilians.*

—SILVIO ANTONIO CERNA ZÚNIGA
Juigalpa, March 15, 2003

*Perfectamente miraron que era una mujer
con una criatura y que eran civiles.*

—SILVIO ANTONIO CERNA ZÚNIGA
Juigalpa, 15 de marzo de 2003

DURING THE 1980S THE SANDINISTAS PROMOTED AND GAVE TECHNICAL AND MATERIAL SUPPORT TO AGRICULTURAL COOPERATIVES. By 1989 there were thousands of cooperatives throughout Nicaragua. For many the collective spirit and idealism of the cooperative movement was the heart of the revolution; for the *contras* the cooperatives were primary targets.

Self-defense units were organized in these cooperatives for protection, but they were often poorly trained and armed. The *contras* labeled the cooperatives "military objectives" and, with their superior numbers and firepower, often overpowered and destroyed them. Civilians, including women and children, were typically killed or wounded.

Silvio's testimony refers to a "military base" near his cooperative, but in reality it was a small outpost which at the time of the *contra* attack had three regular soldiers present. Silvio painfully describes how, with an additional two militia members, they helplessly watched the attack from a hidden hilltop.

DURANTE LOS OCHENTA LOS SANDINISTAS PROMOVIERON Y DIERON APOYO TÉCNICO Y MATERIAL A LAS COOPERATIVAS DE AGRICULTURA. Hacia 1989, había miles de cooperativas por toda Nicaragua. Para muchos, el espíritu colectivo y el idealismo del movimiento cooperativo fue el corazón de la revolución; para la contra las cooperativas eran el blanco principal.

Hubo unidades de auto-defensa que fueron organizadas en las cooperativas para la protección, pero frecuentemente los miembros estaban mal entrenados y mal armados. La contra designó a las cooperativas como "objetivos militares" y, con su superioridad numérica y potencia bélica, frecuentemente las vencieron y destruyeron. Civiles, incluyendo mujeres y niños, usualmente eran asesinados o heridos.

El testimonio de Silvio se refiere a una "base militar" cerca de su cooperativa, pero en realidad era un pequeño puesto que a la hora del ataque de la contra tenía destinados tres soldados regulares. Silvio cuenta penosamente como, con solamente dos milicianos más, miraban con impotencia el ataque desde una loma escondida.

[1987]
Alexsey Antonio,
age 3 months,
in lap of mother,
Geraldina Martínez Galeano,
age 16. Juigalpa.

Alexsey Antonio,
a la edad de 3 meses,
en el regazo de su madre,
Geraldina Martínez Galeano,
de 16 años. Juigalpa.

[2003]

Silvio Antonio, age 38,
Alexsey Antonio's father. Juigalpa.

Silvio Antonio, de 38 años,
padre de Alexsey Antonio. Juigalpa.

Paul first photographed Alexsey and his mother, Geraldina, on December 12, 1987, and revisited the family in 1990. During the 1987 attack Geraldina suffered a bullet wound that required two major surgeries, lost her mother and two brothers, and saw her infant child lose a leg. She was clearly traumatized by the attack, and by 1990 no longer lived with the family. Alexsey was being raised in Juigalpa by his father, Silvio, and by his grandmother, Albertina.

Silvio's words were soft-spoken and heartfelt. Alexsey, an inquisitive and normally talkative high school student, seemed a bit intimidated by the "gringos" and had few words for the tape recorder. Albertina, who holds the family together with a house-cleaning job, earning 600 córdobas (US$37.50) a month, looked on with gentle eyes.

Testimony on page 157

Paul fotografió por primera vez a Alexsey y a su madre, Geraldina, el 12 de diciembre de 1987, y volvió a visitar a la familia en 1990. Durante el ataque de 1987, Geraldina fue herida de bala y requirió dos cirugías mayores, perdió a su madre y a dos hermanos, y vio a su bebé perder la pierna. Ella quedo obviamente traumatizada por el ataque y en 1990 ya no vivía con la familia. Alexsey estaba siendo criado en Juigalpa por su padre Silvio y por su abuela, Albertina.

Las palabras de Silvio eran suaves y sentidas. Alexsey, un estudiante de secundaria, curioso y normalmente hablador, parecía un poco intimidado por los "gringos" y no decía mucho enfrente de la grabadora. Albertina, quien sostiene a la familia con el trabajo de limpiar casas, ganando 600 córdobas (US$37.50) por mes, nos miraba con ojos tiernos.

Testimonio en la página 157

[2003]

Alexsey Antonio,
age 15. Juigalpa.

*Alexsey Antonio,
de 15 años. Juigalpa.*

Lagartillo: Three Women | *Tres mujeres*

THE FOLLOWING EIGHT PAGES CONTAIN PHOTOGRAPHS AND INTRODUCTIONS TO THREE WOMEN, all related and all from the small community of Lagartillo. Florentina, her daughter Coni, and her niece Baltazara tell us their memories and feelings about the revolution and post-1990 Nicaragua.

Lagartillo, home to approximately twenty-six families, sits at the end of a dirt road in the mountains of the department of León, sixty-two miles north of Managua and four miles from Achuapa. It has a history that is typical of many Nicaraguan communities, but it has responded to that history in a way that is curiously unique.

Many of the older members such as Florentina still talk of giving support during the insurrection to "the boys," that is, to the Sandinista guerrillas. In the early 1980s, knowing they would be targets of the *contras* for their strong Sandinista ideology, they grouped together to form the Lagartillo Cooperative, to build a school, and to live closer together for security. Óscar, a nephew of Florentina, remarked, "We were twenty-six families, but it seemed like one big family."

The dreaded attack came around eight a.m. on New Year's Eve 1984. No one really knows how many *contras* attacked; estimates range from 100 to 150. That morning most of the members of the self-defense militia were working in the fields outside the community. Only fourteen people were present to grab their AK-47s and attempt to defend their community.

Las siguientes ocho páginas incluyen fotografías y presentaciones acerca de tres mujeres, parientes todas, y todas de la pequeña comunidad de Lagartillo. Florentina, su hija Coni y su sobrina Baltazara nos cuentan sus recuerdos y emociones acerca de la revolución y de la Nicaragua posterior a 1990.

Lagartillo, hogar de aproximadamente veintiséis familias, se encuentra al final de un camino de tierra en las montañas del departamento de León, cien kilómetros al norte de Managua y a seis kilómetros de Achuapa. Tiene una historia que es típica de muchas comunidades nicaragüenses pero ha respondido a esa historia de una manera curiosamente única.

Muchos de los miembros mayores, como Florentina, todavía cuentan de como apoyaban, durante la insurrección, a "los muchachos", es decir, a los guerrilleros sandinistas. A principios de los ochenta, dándose cuenta de que podrían ser blanco de la contra por su fuerte ideología sandinista, se juntaron para formar la Cooperativa de Lagartillo, construir una escuela y vivir más cerca los unos de los otros por seguridad. Óscar, un sobrino de Florentina, comentó: "Éramos veintiséis familias, pero parecía como una gran familia".

El temido ataque llegó alrededor de las ocho de la mañana del último día de 1984. Nadie sabe con certeza cuántos contras atacaron; se estima entre 100 y 150. Esa mañana, la mayoría de los miembros de la auto-defensa estaba trabajando en el campo fuera de la comunidad. Sólo catorce personas estaban presentes para agarrar sus AK-47 e intentar defender a su comunidad.

Within this tiny self-defense group were two fourteen-year-old boys, inseparable friends who loved to play guitar together, but on this day they died together. These two children, Reynaldo Ramírez and Javier Pérez (Florentina's nephew), are depicted in Baltazara's drawing on page 55, which she drew in 1987 at the age of thirteen.

Florentina's husband, José Ángel, and her twenty-year-old daughter, Zunilda, were also killed defending Lagartillo. Florentina had urged Zunilda, who was crippled with polio, to flee with the women and children, but instead she grabbed her AK-47 and climbed up the small hill located between the approaching *contras* and the community. It is believed that before she was killed Zunilda had delayed the *contras* long enough to allow the women and children to escape. Zunilda is remembered as a heroine but also as the artist who brightened Lagartillo with murals made with paint she mixed from natural dyes, colors she found in the woods.

Coni, in her testimony, describes the escape over the mountains to Achuapa through what they call "The Inferno." In recent years this exodus is reenacted every December 31, so the children will always remember their history. Members of the community gather for reflections and to hike the same route, ending up in the Achuapa cemetery, where the six martyrs killed in the attack are buried. While *contra* sympathizers and some people in power try to erase the history of the insurrection, the revolution, and the Contra War, Lagartillo is determined not to bury its country's historical memory.

Testimonies on page 160

Dentro de este pequeño grupo de defensa había dos muchachos de catorce años, amigos inseparables a quienes les encantaba tocar guitarra juntos, y ese día murieron juntos. Estos dos niños, Reynaldo Ramírez y Javier Pérez [sobrino de Florentina], están representados en el dibujo de Baltazara en la página 55 que ella hizo en el año 1987, a la edad de trece años.

José Ángel, el marido de Florentina, y Zunilda, su hija de veinte años, también murieron defendiendo a Lagartillo. Florentina le había suplicado a Zunilda, quien tenía una pierna dañada por la polio, que huyera con las mujeres y con los niños pero, en vez de eso, ella agarró su AK-47 y subió a una lomita ubicada entre la contra que se acercaba y la comunidad. Se cree que antes de morir, Zunilda retrasó el ataque de la contra, dándoles tiempo suficiente a las mujeres y a los niños para escapar. Se recuerda a Zunilda como heroína pero también como la artista que iluminaba a Lagartillo con murales hechos de pintura que ella mezclaba con tinturas naturales, con colores que ella encontraba en el monte.

Coni, en su testimonio, describe la huida a través de las montañas hacia Achuapa por un lugar que ellos llaman "El Infierno". En años recientes, este éxodo es recorrido nuevamente cada 31 de diciembre para que los niños siempre recuerden su historia. Los miembros de la comunidad se reúnen para reflexionar y para caminar por la misma ruta, terminando en el panteón de Achuapa, donde están enterrados los seis mártires que murieron en el ataque. Mientras que los simpatizantes de la contra y algunos en el poder tratan de borrar la historia de la insurrección, de la revolución y de la guerra de los contras, Lagartillo está resuelto a no enterrar la memoria histórica de su país.

Testimonios en la página 160

Lagartillo: Florentina Pérez Calderón

*The Literacy Crusade lifted us out of the
darkness in which we were submerged....
One of our most precious dreams came
true—to learn to read and write.*

— FLORENTINA PÉREZ CALDERÓN
from *La Vida de Tina* (London, 1994)

*La Campaña de Alfabetización nos sacó de
la oscuridad en la cual estábamos sumergidos. [...]
Uno de nuestros sueños más preciados se hizo
realidad —aprender a leer y a escribir.*

— FLORENTINA PÉREZ CALDERÓN
de *La Vida de Tina* (Londres, 1994)

[1990]
Florentina, age 42.
Lagartillo.

*Florentina, de 42 años.
Lagartillo.*

[2005]
Florentina, age 56,
walking from Las Lajas
to Lagartillo.

*Florentina, de 56 años,
caminando de Las Lajas
a Lagartillo.*

Lagartillo: Baltazara Pérez Osorio

[2002]

Baltazara, age 29.
Lagartillo.

Baltazara, de 29 años.
Lagartillo.

I was happy because I was going to
the university, but that changed in 1990.
Then the situation made me feel as though there
was a wall; as if a wall had been built and we
weren't going to have access to anything at all,
nothing.... In reality, for me, my studies
had been everything.

—BALTAZARA PÉREZ OSORIO
November 10, 2002

Yo estaba como feliz porque yo iba a
la universidad, y después eso cambió en el
noventa. Ya la situación entonces, yo sentía
como que había un muro; como que se nos había
hecho un muro, que no íbamos a tener acceso
a nada, pero nada. [...] En realidad para mí,
mis estudios lo fueron todo.

—BALTAZARA PÉREZ OSORIO
10 de noviembre de 2002

Baltazara
Perez
osorio

[1987]
Drawing by Baltazara,
age 13, depicting the
two 14-year-old boys,
surrounded by stones,
defending Lagartillo.

*Dibujo de Baltazara,
de 13 años, representando
a los dos muchachos
de 14 años, rodeados
de piedras, defendiendo
Lagartillo.*

[1988]

Coni, age 6, swinging
on the hammock.
Lagartillo.

*Coni, de 6 años,
meciéndose en la hamaca.
Lagartillo.*

Lagartillo: Coni Pérez Pérez

*It is terrible to think that in a country
like the United States, for example,
the young people who live there don't
know anything about what their own
country does in other countries.*

—CONI PÉREZ PÉREZ
November 8, 2002

*Es terrible pensar de que en un país así,
por ejemplo, en los Estados Unidos,
los mismos jóvenes que viven en ese país
no saben nada de lo que su país
hace en otros países.*

—CONI PÉREZ PÉREZ
8 de noviembre de 2002

[2002]
Coni, age 20.
Lagartillo.

*Coni, de 20 años.
Lagartillo.*

[2002]

Basketball teams competing in tournament, an activity organized by Tomás and CADISCA (Association for Training of the Disabled in Central America). Managua.

Equipos de baloncesto compitiendo en torneo, una actividad organizada por Tomás y CADISCA (Capacitación a Discapacitados de Centroamérica). Managua.

Tomás Ramón Alvarado Hernández

DURING OUR INTERVIEW, TOMÁS NOT ONLY SHARED HIS PERSONAL HISTORY BUT ALSO EAGERLY DISCUSSED LOCAL AND WORLD POLITICS. Visiting him in his office at CADISCA (Association for Training of the Disabled in Central America) was reminiscent of the 1980s when so many Nicaraguans were enthusiastically discussing both national and international political events.

In 1979 Tomás joined the Sandinistas and participated in the insurrection up to the triumph on the nineteenth of July of that same year. Several years later he joined the Sandinista army. At the age of seventeen, on July 31, 1984, he was leading a thirty-person platoon when the *contras* attacked their position in a place called La Palanca, near Quilalí. During the tactical retreat of the *contras* an explosion lifted him off the ground and took away the use of his legs forever.

In giving his testimony Tomás is open and direct as he describes his rescue, rehabilitation, and subsequent difficulties in getting help after the Sandinistas lost the election on February 25, 1990. Tomás has taken a leadership role in organizing for the rights of the disabled and has been a major force in promoting sports, especially basketball, for people with disabilities in Central America.

Testimony on page 166

DURANTE NUESTRA ENTREVISTA, TOMÁS NO SÓLO COMPARTIÓ SU HISTORIA PERSONAL SINO QUE TAMBIÉN HABLÓ CON ARDOR SOBRE LA POLÍTICA LOCAL Y MUNDIAL. El visitarlo en su oficina de CADISCA (Capacitación a Discapacitados de Centroamérica) nos recordó de los años ochenta, cuando tantos nicaragüenses hablaban con entusiasmo de los eventos políticos tanto nacionales como internacionales.

En 1979 Tomás se unió a los sandinistas y participó en la insurrección hasta el triunfo del 19 de julio del mismo año. Años más tarde, se unió al Ejército Sandinista. A la edad de diecisiete años, el 31 de julio de 1984, siendo el líder de un pelotón de treinta personas, la contra atacó su posición en un lugar llamado La Palanca, cerca de Quilalí. Durante la retirada táctica de la contra, una explosión lo levantó de la tierra y le quitó el uso de sus piernas para siempre.

Al darnos su testimonio, Tomás es franco y directo mientras nos describe su rescate, su rehabilitación y las dificultades subsecuentes para obtener ayuda después de que los sandinistas perdieran las elecciones, el 25 de febrero de 1990. Tomás ha asumido el liderazgo en la organización por los derechos de las personas con discapacidades y ha sido una fuerza potente a la hora de promover los deportes, especialmente el baloncesto, para la gente con discapacidades en Centroamérica.

Testimonio en la página 166

[1990]

Tomás, age 25, leading pre-election, pro-Sandinista march from the Honduran border to Managua.

Tomás, de 25 años, encabezando una marcha pre-elección, pro-sandinista desde la frontera de Honduras hasta Managua.

When we lost the elections, that was very
painful for us because, in one way or another,
we had centered our hopes on a change
for the majority, and for that reason we had
participated in the revolutionary struggle,
in the defense of the revolution.

—TOMÁS RAMÓN ALVARADO HERNÁNDEZ
Managua, December 5, 2002

Cuando perdimos las elecciones, eso fue algo
muy doloroso para nosotros porque, de una u otra
forma, habíamos centrado nuestras esperanzas
de un cambio para la mayoría y por eso habíamos
participado en la lucha revolucionaria,
en la defensa de la revolución.

—TOMÁS RAMÓN ALVARADO HERNÁNDEZ
Managua, 5 de diciembre de 2002

[2002]
Tomás, age 37.
Managua.

Tomás, de 37 años.
Managua.

Juana Hernández Hernández
Mauricio Matute Hernández

But let me tell you, at that time
the mother of that kid who was there
[with the contras that attacked us]
wouldn't talk to me.
I would run into her in the streets
and she wouldn't even say hello.
But later she spoke to me.
She said hello.
She changed, but he never did.

—JUANA HERNÁNDEZ HERNÁNDEZ
Condega, November 27, 2002

[1986]

Juana, age 35, holding her son
Denis, age 3, two months after the
attack on their family in Cruz de
Pire, dept. of Estelí. Denis died
at the age of 25 of alcoholism.

Juana, de 35 años, con su hijo Denis,
de 3 años, dos meses después del
ataque contra su familia en Cruz de
Pire, dpto. de Estelí. Denis murió
de alcoholismo a los 25 años.

Pero fíjese que en ese tiempo,
la mamá de ese chavalo que ahí estaba
[con la contra que nos atacó],
a mí no me hablaba.
Yo me encontraba a la mamá en
las calles, ni adiós me decía.
Pero ya en después, me habló ella.
Adiós me decía.
Ella cambió, pero él no.

—JUANA HERNÁNDEZ HERNÁNDEZ
Condega, 27 de noviembre de 2002

[2007]

Juana, age 57, with her granddaughter
Leysi, age 6, searching for firewood for
cooking. Near their home in Condega.

Juana, de 57 años, con su nieta Leysi,
de 6 años, buscando leña para la cocina.
Cerca de su hogar en Condega.

[2007]

Juana, age 57, carrying wood
for cooking, with her grandson
César, age 4. Near Condega.

*Juana, de 57 años, con su nieto César,
de 4 años, llevando leña para cocinar.
Cerca de Condega.*

THE PROCESS OF INDOCTRINATION IN THE U.S.-BUILT HONDURAN AND COSTA RICAN TRAINING CAMPS WAS EFFECTIVE. The young men re-entered Nicaragua with their graduation certificates from various counterinsurgency courses and proceeded to carry out unspeakable acts, sometimes viciously attacking and torturing people from their own communities and even their own families.

As a Sandinista, Juana's husband, thirty-eight-year-old Eleuterio Matute Calderón, was on the *contra's* hit list. His "crime" was coordinating the distribution of government food and clothing for the community. His brutal mutilation and murder in the early morning of December 27, 1985, was to be an example to others in the area—a warning not to have ties with the Sandinistas. They also shot and killed Juana's fifteen-year-old son, Benigno, as he was trying to drag himself to safety after being wounded in the leg. Juana, with five-month-old Juanita in her arms, jumped into a deep gulley and hid in the thick vegetation. A nephew and several neighbors of Eleuterio were with the *contras* that evening.

Shortly after the attack, fearing more violence, Juana and her family dismantled their hilltop home overlooking miles of green fields and forest, and reconstructed it on a tiny lot on the edge of Condega. One now enters their home through the same front door scarred by bullets and shrapnel, a stark reminder of the deep emotional wounds pervading the household.

Testimonies on page 170

EL PROCESO DE ADOCTRINAMIENTO EN LOS CAMPOS DE ENTRENAMIENTO CONSTRUIDOS POR LOS EE.UU. EN HONDURAS Y COSTA RICA FUE EXITOSO. Los jóvenes entraron de nuevo a Nicaragua con sus certificados de capacitación de diversos cursos de contrainsurgencia y pasaron a hacer actos horrorosos, a veces atacando y torturando brutalmente a personas de sus propias comunidades y aun de sus propias familias.

Como sandinista, el marido de Juana, Eleuterio Matute Calderón, de treinta y ocho años, estaba en la lista negra de la contra. Su "delito" fue coordinar la distribución de víveres y ropa del gobierno para la comunidad. El propósito de su brutal mutilación y asesinato a tempranas horas el 27 de diciembre de 1985, fue el de servir de ejemplo de lo que sucedería a otros en el área —una advertencia para que no tuvieran conexiones con los sandinistas. También le dispararon y mataron a Benigno, el hijo de quince años de Juana, mientras éste trataba de arrastrarse a un lugar seguro después de ser herido en la pierna. Juana, con su hija Juanita de cinco meses en los brazos, saltó a una hondonada y se ocultó en la densa vegetación. Un sobrino y varios vecinos de Eleuterio estaban con la contra esa noche.

Un poco después del ataque, temerosos de más violencia, Juana y su familia desarmaron su casa de encima de la loma con vista a kilómetros de prados verdes y bosques, y la reconstruyeron en un pequeño lote a la orilla de Condega. Ahora se entra a su vivienda por la misma puerta principal marcada por balas y metralla, un crudo recordatorio de las profundas heridas emocionales que impregnan su hogar.

Testimonios en la página 170

[2002]

Mauricio, age 31, painting cross on the grave of his father on the Day of the Dead. Juana, age 52, mother of Mauricio, in background. Cruz de Pire, dept. of Estelí.

Mauricio, de 31 años, pintando la cruz sobre la tumba de su padre el Día de Difuntos. Juana, de 52 años, al fondo, madre de Mauricio. Cruz de Pire, dpto. de Estelí.

Rosita Davis Zenón

THE EAST COAST OR CARIBBEAN SIDE OF NICARAGUA, with roughly 10 percent of the population, is dramatically different from the Spanish-speaking western side of the country. It differs racially, culturally, historically, and linguistically; the music, food, and pace of life are so distinct it seems like another country. This uniqueness is gradually changing as more west coast Nicaraguans, called the "Spanish" by the east coast residents, are moving east to farm or set up businesses.

The cultural structures, the traditions, and the needs of the east coast residents were not understood by the Sandinistas when they came into power in 1979. Later, in the eighties, as their cultural identity became appreciated and respected, an autonomy project was initiated to give them more control of their own affairs. Nevertheless, this region

LA COSTA ORIENTAL O EL LADO CARIBEÑO DE NICARAGUA, con aproximadamente el 10 por ciento de la población, es dramáticamente diferente del lado hispano-hablante de la costa occidental del país. Difiere racial, cultural, histórica y lingüísticamente —la música, la comida y el ritmo de vida son tan distintos que parece otro país. Esta singularidad está cambiando gradualmente a medida que más nicaragüenses, llamados "españoles" por los residentes de la costa oriental, se mudan de la región occidental para trabajar en la agricultura o comenzar un negocio.

Las estructuras culturales, las tradiciones y las necesidades de la costa oriental no fueron entendidas por los sandinistas cuando llegaron al poder en 1979. Después, en los ochenta, a medida que su identidad cultural se apreciaba y se respetaba, se inició un proyecto de autonomía para darles más control sobre sus propios asuntos. Sin embargo, la mayoría de los habitantes

remained largely anti-Sandinista. We were surprised to find that Orinoco, on the shores of Pearl Lagoon, was primarily a Sandinista community.

Rosita was still living right where Paul photographed her in 1987. She has four children. The youngest is, as Rosita says, a "very smart girl" of fourteen years who is in her third year at the Anglican Church secondary school in Bluefields. Rosita scrapes by on the low salary of a schoolteacher and in her free time collects medicinal herbs for the community.

Ethnically, Orinoco is an Afro-American Garífuna* community with 513 residents and, according to Rosita, only about ten people who still speak their traditional language of Garífuna. Rosita spoke to us in a gentle and relaxed English with hints of an Elizabethan accent.

Testimony on page 172

de esta región permaneció anti-sandinista. Nos sorprendimos al descubrir que Orinoco, a la orilla de Laguna de Perlas, era principalmente una comunidad sandinista.

Rosita todavía estaba viviendo donde Paul la fotografió en 1987. Tiene cuatro hijos. La menor, según Rosita, es "una niña muy inteligente" de catorce años. Cursa el tercer año en la escuela secundaria de la Iglesia Anglicana en Bluefields. Rosita se las arregla con el sueldo mínimo de profesora primaria y en su tiempo libre, junta hierbas medicinales para la comunidad.

Orinoco es una comunidad garífuna*, étnicamente afro-americana, con 513 residentes y de acuerdo a Rosita, con apenas diez de ellos que aún hablan la lengua tradicional de garífuna. Rosita nos habló con un inglés suave y relajado, con toques de un acento isabelino.

Testimonio en la página 172

---

* The ethnic group called Garífuna is a mix of African, Arawak, and Carib ancestry and speaks an Arawakan language also called Garífuna. They are mostly found along the Central American Caribbean coast, with very few in Nicaragua.

* La etnia llamada Garífuna es una mezcla de ascendencia africana, arahuaca y caribe y habla una lengua arahuacana también llamada Garífuna. Se hallan principalmente por la costa caribeña de América Central, con muy pocos en Nicaragua.

[2005]
Rosita, age 46.
Orinoco, Pearl Lagoon.

Rosita, de 46 años.
Orinoco, Laguna de Perlas.

They [the U.S.] didn't send down their soldiers,
but they sent down the arms and the money.
"Nicaragua, you can stay there and fight
against your own self."

—ROSITA DAVIS ZENÓN
Orinoco, May 5, 2005

No enviaron [los EE.UU.] a sus soldados,
pero mandaron las armas y el dinero.
"Nicaragua, puedes quedarte ahí y pelear
en contra de ti misma".

—ROSITA DAVIS ZENÓN
Orinoco, 5 de mayo de 2005

[1987]
Rosita, age 28.
Community of Orinoco,
Pearl Lagoon.

Rosita, de 28 años.
En la comunidad de Orinoco,
Laguna de Perlas.

Ruby Temple Antoni

Ruby's diminutive stature belies her rich moral and spiritual vitality. Her religious fervor includes God in every conversation, every thought, and every action. Her prayers are direct two-way communications with God, and the messages she receives govern her life. She is a bundle of fiery energy and a tremendous asset in Acahualinca where she now lives and preaches. Thousands of garbage pickers live in this poor Managua neighborhood that borders La Chureca, Central America's largest garbage dump.

In the 1980s she and her sister had their own church in Kukra Hill, a tiny sugar mill community near Pearl Lagoon on the Caribbean Coast. As is true for many east coast residents, English is her first language and she gave us her testimony in English, but she also speaks Spanish and a

La diminuta estatura de Ruby oculta su abundante vitalidad moral y espiritual. Su fervor religioso incluye a Dios en cada conversación, cada pensamiento y cada acción. Sus oraciones son una comunicación recíproca con Dios y los mensajes que ella recibe gobiernan su vida. Es un torbellino de ardiente energía y un aporte valioso en Acahualinca, donde ahora vive y predica. Miles de personas que rescatan cosas de la basura viven en este barrio pobre de Managua que bordea La Chureca, el mayor vertedero al aire libre de Centro América.

En los ochenta, ella y su hermana tenían su propia iglesia en Kukra Hill, una pequeña comunidad refinadora de azúcar cerca de Laguna de Perlas, en la Costa Caribe. El inglés es su primera lengua, como lo es para muchos residentes de la costa oriental, y nos dio su testimonio en

smattering of Miskito.* Although she considers herself apolitical, at the time of Paul's visit in 1987 she was critical of the local Sandinistas for not allowing her to use loudspeakers to broadcast her sermons throughout the community.

Her most traumatic war experience occurred in 1985 when she was traveling on the so-called "Bluefields Express"—in reality a very slow riverboat that carried passengers on a six-and-a-half-hour trip from the end of the road at Rama to Bluefields on the east coast. At one place along the route, *contra* bullets and mortars showered the boat from the shore. Ruby stayed on deck in the middle of the gunfire, praying and holding her hand high toward the heavens. She doesn't know how many were killed or wounded, but she arrived in Bluefields unscathed, with her hand still reaching toward the sky.**

Testimony on page 173

inglés, pero también habla español y una pizca de Miskito.* Aunque se considera a sí misma apolítica, cuando Paul la visitó en 1987 criticaba a los sandinistas locales por no permitirle usar los parlantes para transmitir sus sermones por toda la comunidad.

Su experiencia más traumática de la guerra ocurrió en 1985 mientras viajaba en el llamado "Bluefields Express", que en realidad es un bote muy lento, el cual lleva pasajeros en un viaje de seis horas y media desde el fin del camino en El Rama hasta Bluefields, en la costa occidental. En un momento del viaje, desde la orilla del río, a la embarcación le llovieron balas y morteros contra. Ruby se quedó en la cubierta en medio de la balacera, orando y levantando su mano hacia el cielo. Ella no sabe cuántos murieron o quedaron heridos, pero llegó a Bluefields ilesa, con su mano aún alzada al cielo.**

Testimonio en la página 173

[1987]
Singing in Ruby's church. Kukra Hill, Caribbean Coast.

Cantando en la iglesia de Ruby. Kukra Hill, Costa Caribe.

---

* The indigenous Miskito live in eastern Nicaragua and Honduras.

** Ruby passed away on January 12, 2010, in her home in Managua. There was a tremendous outpouring of compassion and sorrow by friends and family at her funeral.

* Los Miskitos, una etnia indígena, viven en la parte oriental de Nicaragua y Honduras.

** Ruby falleció el 12 de enero de 2010, en su hogar en Managua. Hubo una gran efusión de compasión y pesar por parte de sus amigos y familia en su funeral.

[1987]

Ruby (with hands extended)
and sister in church service
speaking in tongues.
Kukra Hill, Caribbean Coast.

*Ruby (con las manos extendidas)
y su hermana en oficio religioso
hablando en lenguas.
Kukra Hill, Costa Caribe.*

Those bullets passing my mouth,
they passing my eyes, my eyes closed, brother,
but I kept seeing light flashing, flashing.

— RUBY TEMPLE ANTONI
Managua, May 13, 2005

Aquellas balas pasando mi boca,
pasando mis ojos, mis ojos cerrados, hermano,
pero yo seguía viendo luces brillar, brillando.

— RUBY TEMPLE ANTONI
Managua, 13 mayo de 2005

[2005]

Ruby in Acahualinca
neighborhood. Managua.

Ruby en el barrio de
Acahualinca. Managua.

Santiago Amador Hernández

[2005]

Santiago's brother, father, and mother look at the only photograph they have of their son. Matiguás.

El hermano, el padre y la madre de Santiago miran la única fotografía que tienen de su hijo. Matiguás.

SANTIAGO WAS KILLED IN A *CONTRA* AMBUSH ON THE ROAD BETWEEN RÍO BLANCO AND MATIGUÁS ON THE 27TH OF APRIL, 1986. His brother Félix Pedro was killed in 1989. They were both in the Sandinista Army.

Santiago's parents, Francisco and Victoriana, now live in a shack made of a few boards and black plastic. Francisco picks up work wherever he can, earning thirty córdobas (approximately two dollars) a day. In his words: "Here, what you make [in a day] you are going to eat in the morning."

Francisco fought in the insurrection, and he and Victoriana have remained Sandinistas. Francisco thinks it was this allegiance that caused the Liberals (called Liberals but actually members of the right-wing PLC or Liberal Constitutional Party) to burn down their house in 2002, leaving them destitute.

Victoriana remembers her son as being exceptionally smart, advancing rapidly in the army, and helping her "with clothes, with food, with everything."

SANTIAGO FUE ASESINADO EN UNA EMBOSCADA DE LA CONTRA EN EL CAMINO ENTRE RÍO BLANCO Y MATIGUÁS EL 27 DE ABRIL DE 1986. Su hermano Félix Pedro fue asesinado en 1989. Ambos eran parte del Ejército Sandinista.

Los padres de Santiago, Francisco y Victoriana, viven ahora en una choza hecha de unas cuantas tablas y de plástico negro. Francisco busca trabajo donde sea, ganando treinta córdobas (aproximadamente dos dólares) al día. En sus propias palabras, "Aquí, lo que usted gana [en un día], ya se lo comió en la mañana".

Francisco luchó en la insurrección, y tanto él como Victoriana continúan siendo sandinistas. Francisco piensa que fue esta lealtad la que causó que los Liberales (llamados Liberales, pero en realidad miembros del PLC derechista, el Partido Liberal Constitucionalista) incendiaran su casa en 2002, dejándolos sin nada.

Victoriana recuerda que su hijo era excepcionalmente listo, avanzando rápidamente en el ejército y ayudándola "con ropa, con comida, con todo".

"Mother," he says, "it is my choice that I'm going—
this is my party [Sandinista], and if I'm going to die,
if someday I die, Mother, don't blame anyone,
but rather blame my decision."

— VICTORIANA AMADOR MENDOZA
quoting Santiago
Matiguás, January 3, 2003

"Mamá", dice, "yo me voy a gusto —que mi
partido es éste [sandinista], y por eso voy a morir yo,
si algún día me muero, mamá, no le eche la culpa
a nadie, sino que échele la culpa a mi gusto".

— VICTORIANA AMADOR MENDOZA
citando a Santiago
Matiguás, 3 de enero de 2003

[1985]
Santiago, age 19,
at the burial of a soldier from
his company. Matiguás.

*Santiago, de 19 años,
en el entierro de un compañero
de su Compañía. Matiguás.*

Three Survivors | Tres sobrevivientes

THE SANDINISTA OFFICIALS CALLED IT AN F-10 PRESSURE-ACTIVATED ANTI-TANK MINE. Carmen, Juan Domingo, and Américo were victims of this U.S.-supplied, *contra*-placed mine when it destroyed a civilian transport truck two hours north of Jinotega at seven thirty in the morning, on October 20, 1986. Six were killed and forty-three were wounded; seven of the wounded were between the ages of six months and seventeen years. Carmen, Juan Domingo, and Américo were three of the eleven who lost limbs. Américo not only lost both legs, he lost his wife, Ángela. Carmen's cousin Amancio Sánchez, pastor of the Christian Pentecostal Mission Church in Las Praderas, and his seven-year-old daughter, Elda Uri Sánchez, each lost a leg.

The people in the nearby community of Las Praderas in the Pantasma Valley were alerted by the blast. Some of them did their best to transport the victims, dead and living, to the health center a half mile from the site.

Rushing from Jinotega to help sort the dead from the living and to begin giving primary care, were three North Americans: Drs. Maj and Justin Stormo-Gipson and Patricia Manning, a volunteer with Witness for Peace.

LOS OFICIALES SANDINISTAS LA LLAMABAN UNA MINA ANTITANQUE F-10 ACTIVADA POR PRESIÓN. Carmen, Juan Domingo y Américo fueron víctimas de esta mina, puesta por la contra y proporcionada por los Estados Unidos, cuando ésta destruyó un camión de transporte civil, dos horas al norte de Jinotega, a las siete y treinta de la mañana del 20 de octubre de 1986. Murieron seis personas, cuarenta y tres fueron heridas y siete de los heridos tenían entre los seis meses y diecisiete años de edad. Carmen, Juan Domingo y Américo fueron tres de los once que perdieron sus extremidades. Américo no sólo perdió ambas piernas sino que también perdió a su esposa, Ángela. El primo de Carmen, Amancio Sánchez, pastor de la Iglesia Cristiana Pentecostal Misionera en Las Praderas, y su hija de siete años, Elda Uri Sánchez, perdieron ambos una pierna.

La gente en la cercana comunidad de Las Praderas, en el Valle de Pantasma, fue alertada por la explosión. Varios de ellos hicieron lo que pudieron para transportar a las víctimas, muertos y vivos, al centro de salud, a un kilómetro del sitio.

Tres norteamericanos llegaron a toda prisa de Jinotega para ayudar a separar los muertos de los vivos, y comenzar a dar auxilios médicos: los doctores Maj y Justin Stormo-Gipson, y Patricia Manning, una voluntaria de Acción Permanente por la Paz.

Patricia described her impressions as they passed by the scene:

The remains of the truck and fragments of blood-soaked personal effects were clear indicators of the carnage and chaos awaiting our arrival at the health center.… In the midst of the confusion I came upon the dead body of Maritza García, seven years old, lying on the porch of one of the nearby houses … wrapped in blue plastic, unidentified and unclaimed because her badly wounded mother had been separated from her in the ensuing panic.*

The truck was a civilian transport vehicle carrying fifty-one passengers. The blast destroyed the bed of the truck and left a crater one-and-a-half yards wide and one yard deep. According to the survivors, there were neither military personnel nor weapons on the truck.

Carmen, Juan Domingo, and Américo receive no help from the Nicaraguan government or from the U.S. government. Fortunately some NGOs (nongovernmental organizations) and a few U.S. citizens have responded to their need for prosthetics.

When we last met with them, none of the three had work.**

Patricia describió sus impresiones al pasar por el lugar de los hechos:

Los restos del camión y los fragmentos ensangrentados de los objetos personales eran indicaciones claras de la matanza y del caos que nos esperaba al llegar a la clínica. [...] Entre la confusión encontré el cadáver de Maritza García, de siete años, recostado en el porche de una de las casas vecinas [...] envuelto en plástico azul, sin identificación y sin haber sido reclamado, porque su madre estaba malherida y se habían separado en el pánico resultante.*

El camión era un vehículo de transporte civil y llevaba cincuenta y un pasajeros. La explosión destruyó la plataforma del camión y dejó un cráter de un metro y medio de ancho y un metro de profundidad. Según los sobrevivientes, en el camión no había ni personal militar ni armas.

Carmen, Juan Domingo y Américo no reciben ayuda del gobierno de Nicaragua ni tampoco del gobierno de los Estados Unidos. Afortunadamente, algunas ONGs (organizaciones no gubernamentales) y algunos ciudadanos de los Estados Unidos han respondido a sus necesidades de prótesis.

La última vez que los vimos, ninguno de los tres tenía trabajo.**

---

* *Witness for Peace Report* (Managua: October 1986).

** A 2010 update: Américo passed away on June 16, 2008, from prostate cancer. Juan Domingo started receiving a small pension from the government and opened a leather shop in El Cuá. Carmen continues to struggle to raise her two children with no visible means of support.

* *Witness for Peace Report* (Managua: octubre 1986).

** Actualización del 2010: Américo falleció el 16 de junio del 2008, de cáncer de próstata. Juan Domingo empezó a recibir una pequeña pensión del gobierno y abrió un taller de cuero en El Cuá. Carmen sigue luchando para criar a sus dos hijos sin una fuente de ingresos aparente.

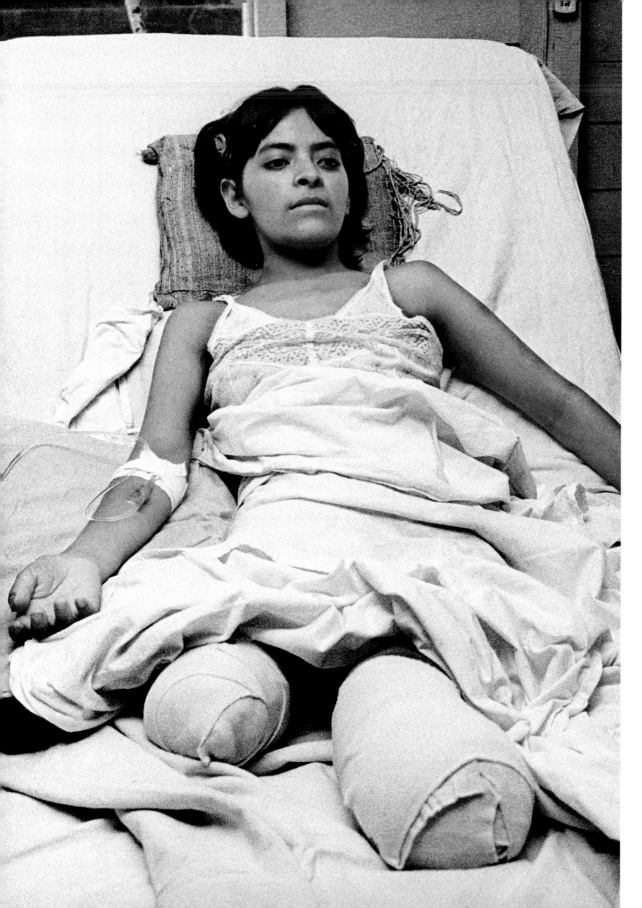

Carmen Marina Picado Aldana

[1986]
Carmen, age 19.
Apanás Hospital, near Jinotega.

Carmen, de 19 años.
Hospital de Apanás, cerca de Jinotega.

*But what was most difficult for me was when I realized
I had lost my feet.... I would like to be the same
as people in good physical condition.... I would like,
at the very least, to work, to study, to be an important person,
but my difficulties don't help me to improve myself.*

*Perhaps one moment I feel calm,
then I feel like something hits me in the heart
and I'm overcome with desperation and
I cry and cry and cry.*

— CARMEN MARINA PICADO ALDANA
Matagalpa, December 19, 2002

*Pero lo más difícil para mí fue cuando me di cuenta
de que había perdido los pies. [...] Yo quisiera ser igual
a las personas buenas. [...] Quisiera, por lo menos
trabajar, estudiar, ser una persona importante, pero
las dificultades no me ayudan para superarme.*

*Tal vez, yo estoy tranquila aquí de momento,
y siento como que algo me golpea en el corazón
y ya me agarra la desesperación y me agarra
de llorar y llorar y llorar.*

— CARMEN MARINA PICADO ALDANA
Matagalpa, 19 de diciembre de 2002

[2002]
Carmen, age 34,
with her son, Ever Alexander,
and her daughter, Maryurí.
Matagalpa.

*Carmen, de 34 años,
con su hijo, Ever Alexander,
y su hija, Maryurí.
Matagalpa.*

[2004]
Carmen, age 37.
Matagalpa.

*Carmen, de 37 años.
Matagalpa.*

Juan Domingo Jiménez Rivera

[2003]

Juan Domingo, age 29, team manager.
San José de Bocay.

Juan Domingo, de 29 años, manager del
equipo. San José de Bocay.

About a year after ending up like this, they
[the contras] took my father. They killed him
and later they also shot my two brothers....
They were soldiers....

I was in the police for eight years beginning
in 1987 [at age fourteen]... like a mascot—
I was raised there with the police.
At times I went to the mountains.
Sometimes I walked eight hours on foot...
with the crutch, in mud, even crossing
deep rivers with a rope....

One never forgets.... War is ugly.
It's the most horrible thing there is. Here, at least,
the majority who were in the war, yes,
they know what war is. No one wants it....

Right now I'm not working....
I keep looking.

—JUAN DOMINGO JIMÉNEZ RIVERA
San José de Bocay, January 18, 2005

Después, como al año de haber quedado yo así,
agarraron [los contras] a mi papá.
Lo mataron y después les tiraron a dos hermanos
míos también. [...] Eran militares. [...]

Estuve ocho años en la policía empezando
en 1987 [a los catorce años] [...] como
mascota —allí me crié con la policía.
A veces salía a la montaña.
A veces caminaba ocho horas a pie [...]
con la muleta en lodo, hasta cruzar
los ríos hondos con mecate [soga]. [...]

No se le olvida nunca. [...] La guerra es fea.
Es lo más horrible que hay. Por lo menos aquí
la mayoría que anduvo en la guerra, sí, supo
lo que es la guerra. No la desea nadie. [...]

Ahorita no estoy trabajando. [...]
Ando buscando.

—JUAN DOMINGO JIMÉNEZ RIVERA
San José de Bocay, 18 de enero de 2005

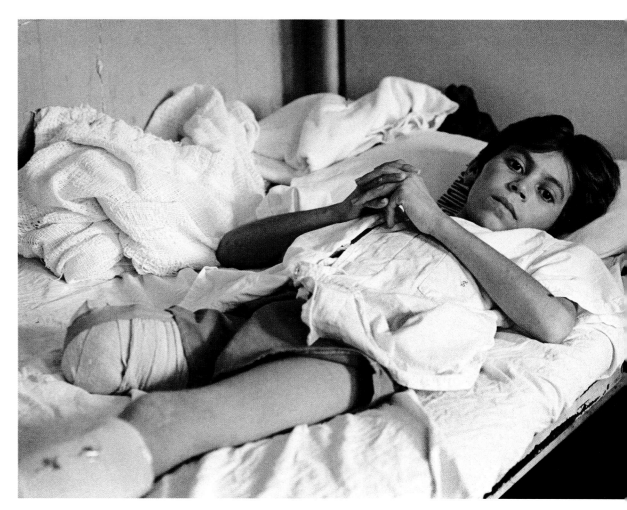

[1986]

Juan Domingo, age 13.
Amín Halum Hospital, Jinotega.

Juan Domingo, de 13 años.
Hospital Amín Halum, Jinotega.

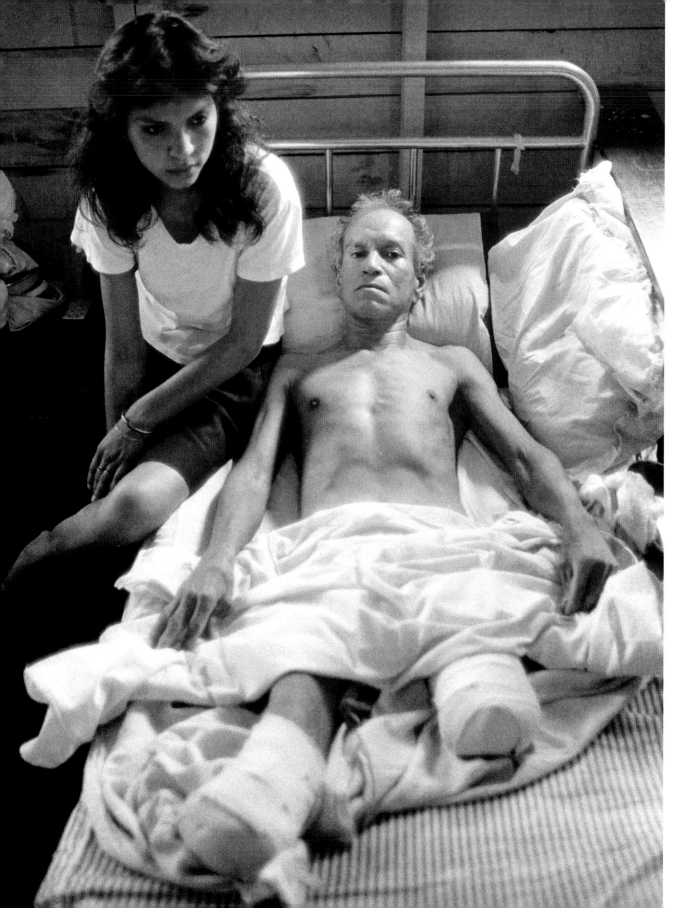

Américo Mejía Castillo

[1986]

Américo, age 57, and his daughter
Angélica María Mejía Centeno, age 14.
Apanás Hospital, near Jinotega.

Américo, de 57 años, y su hija
Angélica María Mejía Centeno, de 14 años.
Hospital de Apanás, cerca de Jinotega.

We had just left the house five minutes before
when boommm!…
She went to the grave and I to the hospital. . . .
I ask the government of the United States, . . .
I beg them that wherever they see antipersonnel mines
and mines for the destruction of tanks,
they destroy them, make them explode so they
don't continue committing those barbarities, . . .
so there aren't more wounded
from the war, just that.

— AMÉRICO MEJÍA CASTILLO
Matagalpa, February 27, 2003

No teníamos ni cinco minutos de que habíamos
salido de la casa cuando ¡bummm! [...]
Ella se fue a la tumba y yo al hospital. [...]
Le pido al gobierno de los Estados Unidos, [...]
le suplico que donde miren minas antipersonales
y minas para destrucción de tanques,
las desechen, las hagan explotar para que
no sigan cometiendo esas barbaridades, [...]
para que no queden más personas lisiadas
de guerra, solamente.

—AMÉRICO MEJÍA CASTILLO
Matagalpa, 27 de febrero de 2003

[2003]
Américo, age 74, in the
room he rarely leaves.
Matagalpa.

Américo, de 74 años, en el
cuarto del cual raramente sale.
Matagalpa.

Jamileth Chavarría Mendieta

[1987]

Jamileth, age 15, leaning on cross at
burial of her mother, Carmen Mendieta.
Bocana de Paiwas.

*Jamileth, de 15 años, apoyándose en
la cruz en el entierro de su madre,
Carmen Mendieta. Bocana de Paiwas.*

The only ones to blame for the war here were the North Americans ... because the gringos were the ones that made Nicaragua divide itself.... Yes, therefore it is them I hate because they were the ones who did it, who marked our faces with lines of pain, of sadness, of nostalgia, of yearning, of so many things.

—JAMILETH CHAVARRÍA MENDIETA
Bocana de Paiwas, December 31, 2002

Solamente los únicos culpables de la guerra aquí fueron los norteamericanos [...] porque los gringos fueron los que hicieron que Nicaragua se dividiera. [...] Sí, entonces a ellos los odio porque han sido los que han hecho que en nuestro rostro se marquen huellas de dolor, de tristeza, de nostalgia, de añoranza, de tantas cosas.

—JAMILETH CHAVARRÍA MENDIETA
Bocana de Paiwas, 31 de diciembre de 2002

[2002]

Jamileth, age 30, in radio station,
Palabra de Mujer, with photograph of
her mother. Bocana de Paiwas.

*Jamileth, de 30 años, en la emisora,
Palabra de Mujer, con fotografía de
su madre. Bocana de Paiwas.*

Most of the 350 houses that make up Bocana de Paiwas dot a hillside that overlooks the Río Grande de Matagalpa and its tributary, the Paiwas River. In the eighties Paiwas was at the end of a sometimes-passable road and served as a small commercial center and traffic hub for people traveling by horse, pack mule, dugout canoe, and foot into the surrounding backcountry. Only recently has a road been constructed that extends beyond Paiwas into the agricultural lands that were once rain forests.

Paiwas was a frontier town in the middle of a war zone—a tense, unpredictable environment of civilian militias, Sandinista soldiers and, the icon of the eighties, the AK-47. The area was also home to *contra* sympathizers and collaborators, and their secret arms caches. This is where Jamileth was raised, surrounded by revolutionary solidarity and struggle while living under a shadow of fear and suspicion.

On December 2, 1987, *contra* forces used a remote-activated Claymore mine to kill Jamileth's thirty-six-year-old mother, Carmen Mendieta, as she traveled to Río Blanco to purchase supplies for her community. Two young sisters, ages nine and eighteen, who had hitched a ride into Río Blanco to purchase beans, were also killed.

La mayoría de las 350 casas que componen Bocana de Paiwas están esparcidas a lo largo de una ladera que da al río Grande de Matagalpa y a su tributario, el río Paiwas. En los ochenta, Paiwas estaba situada al final de un camino a veces transitable y funcionaba como un pequeño centro de comercio y núcleo de tránsito para la gente que viajaba a caballo, con mulas de carga, en piragua y a pie adentrándose en la montaña. Sólo recientemente se ha construido un camino que se extiende más allá de Paiwas, hacia adentro de las tierras agrícolas que una vez fueron selva tropical.

Paiwas era un pueblo a orillas de la civilización en medio de una zona en guerra —un tenso e impredecible ambiente de milicias civiles, soldados sandinistas y, el icono de los ochenta, el AK-47. El área también era hogar para simpatizantes de la contra, colaboradores y sus alijos de armas secretas. Aquí es donde Jamileth fue criada, rodeada de solidaridad revolucionaria y lucha, mientras vivía bajo la sombra del miedo y de la sospecha.

El 2 de diciembre de 1987, la contra utilizó una mina Claymore, activada a control remoto, para asesinar a la madre de Jamileth, Carmen Mendieta, de treinta y seis años de edad, mientras viajaba a Río Blanco a comprar abastecimientos para su comunidad. Dos hermanas jóvenes de nueve y dieciocho años, que habían pedido aventón a Río Blanco para comprar

On that day fifteen-year-old Jamileth not only lost her mother, she lost her childhood. She became mother to her six younger siblings.

Jamileth loves to talk and is full of humor and creative energy. Our interview with her was easy; we simply turned on the tape recorder, and she proceeded to tell her story with barely a pause. Following the example of her mother, Jamileth is a phenomenal organizer, feminist, and human rights advocate.

In 2001 she and members of the Women's Center founded the radio station, Palabra de Mujer, in a town that still has only one telephone. This radio station, run entirely by women, plays a vital role in promoting women's rights, combating domestic violence and alcoholism, and promoting sexual health. It is also essential in the struggle against the construction of a huge hydroelectric dam that would flood Paiwas and the surrounding area.

On June 9, 2005, the women received an unexpected accolade when their station was awarded the London-based One World Media Award for excellent work in a developing country.

Testimony on page 173

frijoles, también fueron asesinadas. Ese día, Jamileth, de quince años, no sólo perdió a su madre sino que también perdió su niñez, pues se convirtió en la madre de sus seis hermanos menores.

A Jamileth le encanta hablar y está llena de energía creativa y humor exuberante. Nuestra entrevista con ella fue fácil; simplemente encendimos la grabadora y ella procedió a contar su historia casi sin pausa. Siguiendo el ejemplo de su madre, Jamileth es una organizadora fenomenal, feminista y promotora de los derechos humanos.

En 2001 ella y otros miembros de la Casa de la Mujer fundaron la emisora *Palabra de Mujer* en un pueblo que todavía sólo tiene un teléfono. Esta emisora, dirigida completamente por mujeres, juega un papel vital en la promoción de los derechos de la mujer, en la lucha contra la violencia doméstica y el alcoholismo y en promover la salud sexual. También es esencial en la lucha contra la construcción de una enorme presa hidroeléctrica que inundaría Paiwas y las zonas circundantes.

El 9 de junio de 2005, las mujeres recibieron un honor inesperado cuando su emisora fue premiada con el *One World Media Award* con sede en Londres por su excelente trabajo en un país en vías de desarrollo.

Testimonio en la página 173

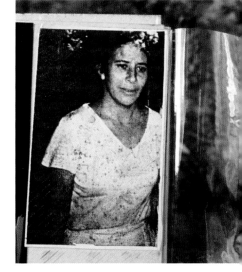

Carmen Mendieta, 1952-1987. Picture from Jamileth's scrapbook.

Carmen Mendieta, 1952-1987. Retrato del álbum de recortes de Jamileth.

[2002]
Jamileth collecting donations for
the New Year's celebration
when the stuffed man,
representing the vices of the
past year, will be burned.
Bocana de Paiwas.

Jamileth pidiendo donaciones
para la celebración del Año Nuevo,
cuando el muñeco relleno,
el cual representa los vicios del
pasado año, será quemado.
Bocana de Paiwas.

[1985]
Río Grande de Matagalpa
as seen from Bocana de Paiwas.

Río Grande de Matagalpa
visto desde Bocana de Paiwas.

Bismark Alonso Castro Talavera

WHEN HISTORY IS ERASED, AS HAS BEEN ATTEMPTED IN NICARAGUA, BOTH THE COLLECTIVE STRUGGLE AND THE PERSONAL STORIES OF HEROISM, SURVIVAL, AND MARTYRDOM ARE LOST. Bismark's struggle to survive is one of thousands of such stories that have been shared only with family and friends.

As a child Bismark survived three attacks against Las Colinas, a cooperative and resettlement community twelve miles northeast of Yalí in the department of Jinotega. In the second attack, on January 25, 1987, his twenty-four-year-old brother and six others were killed trying to defend Las Colinas. Eighteen civilian militia and a few soldiers faced an estimated two hundred well-equipped and well-trained *contras*.*

In his testimony Bismark focuses on two subsequent incidents. The first occurred on March 23, 1990, after the electoral defeat of the Sandinistas and on the very day the Toncontín Peace Accords were being signed in Honduras

CUANDO SE HA BORRADO LA HISTORIA, COMO SE HA INTENTADO HACER EN NICARAGUA, LA LUCHA COLECTIVA Y LAS HISTORIAS PERSONALES DE HEROÍSMO, SUPERVIVENCIA Y MARTIRIO SE PIERDEN. La lucha de Bismark por sobrevivir es una de las miles de tales historias que sólo han sido compartidas con amigos y familiares.

De niño, Bismark sobrevivió tres ataques contra Las Colinas, una cooperativa y asentamiento ubicado a diecinueve kilómetros al noreste de Yalí, en el departamento de Jinotega. En el segundo ataque, el 25 de enero de 1987, su hermano de veinticuatro años, y otras seis personas fueron asesinadas tratando de defender Las Colinas. Dieciocho milicianos civiles y unos pocos soldados enfrentaron a un grupo de aproximadamente doscientos contras bien equipados y entrenados.*

En su testimonio, Bismark se enfoca en dos incidentes posteriores. El primero ocurrió el 23 de marzo de 1990, después de la derrota electoral de los sandinistas, y precisamente el día en que los Acuerdos de Paz de Toncontín

---

* Witness for Peace, *Nicaragua Hotline* (Managua: January 28, 1987).

* Acción Permanente por la Paz, *Nicaragua Hotline* (Managua: 28 de enero de 1987).

by representatives of the *contras*, the incoming UNO [National Opposition Union] government, and the Catholic Church. Twenty-five days earlier the Sandinistas had declared a unilateral cease-fire, and most Nicaraguans thought the war was over. Thousands of *contras* were consolidating into large groups and moving to security zones to disarm.

It was on this date that Bismark, at the age of eleven, hitched a ride on one of two military vehicles carrying Sandinista soldiers to Yalí. One of the large *contra* groups, on the move and without the safety of an organized ambush, started firing on the vehicles in one last killing spree of the war.

The second incident was an unprovoked attack by a gang member in Estelí. Referring to the two events, Bismark casually remarks, "I died two times."

Testimony on page 175

fueron firmados en Honduras por los representantes de la contra, el gobierno entrante de la UNO [Unión Nacional Opositora] y la Iglesia Católica. Veinticinco días antes, los sandinistas habían declarado, de manera unilateral, un cese al fuego, y la mayoría de los nicaragüenses pensó que la guerra había terminado. Miles de contras estaban concentrándose en grandes grupos y trasladándose a zonas de seguridad para deponer las armas.

Fue en esta fecha que Bismark, a la edad de once años, pidió un aventón en uno de los dos vehículos militares que llevaban a soldados sandinistas a Yalí. Uno de los grupos grandes de la contra, en tránsito, y sin la seguridad de una emboscada organizada, comenzó a dispararles a estos dos vehículos militares en una última matanza de la guerra.

El segundo incidente fue un ataque sin provocación por un pandillero en Estelí. Refiriéndose a ambos eventos, Bismark menciona casualmente: "Me morí dos veces".

Testimonio en la página 175

[1990]

The two military vehicles, about 16 hours after the ambush of March 23. La Pavona Abajo, between Las Colinas and Yalí, dept. of Jinotega.

Los dos vehículos militares, unas 16 horas después de la emboscada del 23 de marzo. La Pavona Abajo, entre Las Colinas y Yalí, dpto. de Jinotega.

[1990]

Digging mass grave for five *contras* killed by besieged soldiers. Sandinista dead and wounded, including Bismark, had been carried away, except for two unidentified burned bodies.

Cavando una fosa común para cinco contras asesinados por los soldados asediados. Los muertos y los heridos sandinistas, incluyendo a Bismark, habían sido llevados, excepto dos cadáveres quemados no identificados.

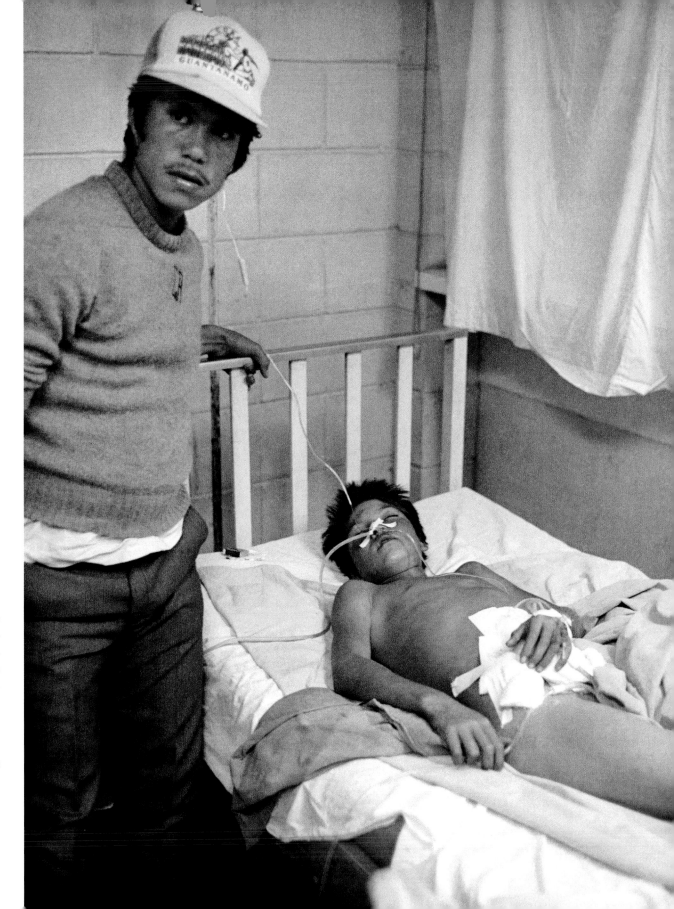

[1990]

Bismark, age 11,
Amín Halum Hospital,
with his brother Adrián,
a day after the ambush
of March 23. Jinotega.

*Bismark, de 11 años,
Hospital Amín Halum,
con su hermano Adrián,
un día después de la emboscada
del 23 de marzo. Jinotega.*

When I felt a kick to my head, I said,
"Oh no, now for sure they are going to kill me."
But I forced myself to have the strength not to moan
or move because they were saying that they were
going to kill whoever was alive.

—BISMARK ALONSO CASTRO TALAVERA
Estelí, December 18, 2002

Cuando siento que me pegan una patada en
la cabeza yo dije: "¡Ay!, ahora sí me van a matar".
Pero yo me hice el ánimo a no quejarme ni
a moverme porque como decían de que
el que estuviera vivo lo iban a matar.

—BISMARK ALONSO CASTRO TALAVERA
Estelí, 18 de diciembre de 2002

[2002]
Bismark, age 24,
working in his father-
in-law's cabinetmaking
shop. Estelí.

Bismark, de 24 años,
trabajando en la ebanistería
de su suegro. Estelí.

Adelina López Aguilar

Look, for me, at sixty years,
that's not so old, but I suffered like
you can't imagine [when my brother was killed].
I didn't sleep, I didn't eat. I lost
my head, I went crazy.

—ADELINA LÓPEZ AGUILAR
Matiguás, February 24, 2005

Mire, para mí, a los sesenta años
no está tan viejo uno, pero yo sufrí como no
se lo imagina [cuando mi hermano fue asesinado].
Yo no dormía, yo no comía. Andaba
perdida de la cabeza, andaba loca.

—ADELINA LÓPEZ AGUILAR
Matiguás, 24 de febrero de 2005

[2005]

Adelina, age 60.
Matiguás.

Adelina, de 60 años.
Matiguás.

THE 1985 PHOTO SHOWS ADELINA AT THE FUNERAL OF HER NINETEEN-YEAR-OLD BROTHER PEDRO ADOLFO AGUILAR, a Sandinista soldier killed in a *contra* ambush. Less than a year earlier she and her family, anticipating an attack, fled the hacienda where they lived and worked. Two days later it was attacked and burned by the *contras*. By the end of the war, she had lost another brother and three cousins to *contra* attacks.

During our visits in 2003, 2005, and 2007, she smiled shyly for photos, but her testimonies were filled with stories of sadness, grief, and economic hardship. Today *ex-contras* live near her in Matiguás, but she is implacable in her condemnation, insisting, "I will never say they are good people."

LA FOTO DE 1985 MUESTRA A ADELINA EN EL ENTIERRO DE SU HERMANO DE DIECINUEVE AÑOS, PEDRO ADOLFO AGUILAR, un soldado sandinista asesinado en una emboscada de la contra. Hacía menos de un año que ella y su familia, al anticipar un ataque, habían huido de la hacienda donde vivían y trabajaban. Dos días después fue atacada y quemada por la contra. Al final de la guerra, ella había perdido a otro hermano y a tres primos debido a los ataques de la contra.

Durante nuestras visitas de 2003, 2005 y 2007, ella sonreía tímidamente para las fotos, pero sus testimonios contenían historias de tristeza, dolor y dificultades económicas. Actualmente hay ex contras que viven cerca de ella en Matiguás, pero ella es implacable en su reprobación, al insistir: "Yo nunca voy a decir que son buena gente".

[1985]

Adelina (center of photograph),
age 40, at burial of her brother
Pedro Adolfo Aguilar. Matiguás.

Adelina (en el centro de la fotografía),
de 40 años, en el entierro de su hermano
Pedro Adolfo Aguilar. Matiguás.

[1985]

Tránsito, age 47, one month after
the *contra* attack on his family.
Río Blanco.

Tránsito, de 47 años, un mes después
del asalto de la contra a su familia.
Río Blanco.

mitigate his pain with alcohol, which has only led to a broken home and a hopeless future.

Félix Pedro was only one of hundreds of refugees who fled their isolated mountain homes to seek refuge in Bocana de Paiwas, a small community roughly in the geographical center of Nicaragua.* Paiwas, somewhat isolated itself, became a resettlement camp for approximately 1,500 of these internal refugees.

It was in Paiwas in 1987 that Paul met fifteen-year-old Félix Pedro and asked him to draw a picture of the massacre. The drawing is included here with a portion of his testimony of 2005. Words were added to the drawing, perhaps by an adult, but it was Félix Pedro who wanted Paul to understand everything in the picture: "Pregnant woman dead . . . trench where the murdered were buried . . . pieces of children and adults . . . *contras* slit throat of child sleeping in hammock . . . *contra* murderers burn house [civilian militia post]."

After handing Paul the drawing he shouldered his AK-47 and headed out for guard duty on a hill near town.

Testimony on page 180

solamente lo ha llevado a un hogar destruido y a un futuro sin esperanza.

Félix Pedro fue solamente uno de los centenares de refugiados que huyeron de sus hogares aislados en la montaña para buscar refugio en Bocana de Paiwas, una pequeña comunidad, más o menos en el centro geográfico de Nicaragua.* Paiwas, algo aislada también, se convirtió en un asentamiento para aproximadamente 1.500 refugiados internos.

Paul estaba en Paiwas en 1987 cuando conoció a Félix Pedro, de quince años, y le pidió que le hiciera un dibujo de la masacre, que se incluye aquí con un fragmento de su testimonio de 2005. Las palabras fueron añadidas al dibujo, quizás por un adulto, pero fue Félix Pedro quien quería que Paul entendiera todo lo que aparecía en el dibujo: "Mujer embarazada muerta [...] zanja donde fueron sepultados todos los asesinados [...] pedazos de niños y personas adultas [...] contra degolla niño dormido en hamaca [...] contras asesinos quemaron la casa [puesto de la milicia civil]".

Después de darle a Paul su dibujo, se puso al hombro el AK-47 y se dirigió hacia una colina cerca del pueblo para cumplir su jornada de guardia.

Testimonio en la página 180

---

* According to the diocesan priest of the area, "Jorgito is a day and a half on horseback from Paiwas, if it's a good horse and there's no mud."

* Según el padre diocesano del área, "Jorgito está situado a un día y medio a caballo de Paiwas, si el caballo es bueno y no hay lodo".

[1987]
Drawing of
Jorgito massacre
by Félix Pedro,
age 15. Bocana
de Paiwas.

*Dibujo de la
masacre de Jorgito
de Félix Pedro,
de 15 años.
Bocana de Paiwas.*

[2005]
Félix Pedro, age 32.
Bocana de Paiwas.

Félix Pedro, de 32 años.
Bocana de Paiwas.

Fátima del Socorro Peña Enrique

[1986]

Esteban Mejía Peña, great-grandfather
of Albertina Peña (on left), age 3,
and Fátima, age 2. La Esperanza,
Nueva Guinea area.

*Esteban Mejía Peña, bisabuelo de
Albertina Peña (a la izquierda), de 3 años,
y Fátima, de 2 años. La Esperanza,
área de Nueva Guinea.*

My sister died eating dirt.

—FÁTIMA DEL SOCORRO PEÑA ENRIQUE
Buena Vista, Río San Juan, March 21, 2007

SEARCHING FOR FÁTIMA WAS A FIFTEEN-MONTH ODYSSEY. We found her living on a farm an hour's walk from Buena Vista, a small, isolated community near the Costa Rican border. In 1985 the war forced her family to flee the mountains and move to La Esperanza, near Nueva Guinea. Around 1990 part of the family moved to Buena Vista.

Although she was surprised and happy to see photographs of herself as a young child, she was painfully shy and gave us little information about her life or her family's history. When we asked about her sister in the picture, she answered in a barely audible voice that Albertina had died eating dirt. Others present said her anemia caused this behavior. Her great-grandfather, Esteban, had also died.

Fátima is married and has two handsome sons, ages four and six, and spends her time tending the family. Her husband works for the owner of a farm. The isolation, the extended rainy season, and not owning land make basic survival a daily struggle.

Mi hermana se murió comiendo tierra.

—FÁTIMA DEL SOCORRO PEÑA ENRIQUE
Buena Vista, Río San Juan, 21 de marzo de 2007

LA BÚSQUEDA DE FÁTIMA FUE UNA ODISEA DE QUINCE MESES. La encontramos viviendo en una finca, a una hora a pie de Buena Vista, una pequeña comunidad aislada cerca de la frontera de Costa Rica. En 1985 la guerra obligó a su familia a huir de las montañas y trasladarse a La Esperanza, cerca de Nueva Guinea. Alrededor de 1990, una parte de la familia se mudó a Buena Vista.

Aunque se sorprendió y se alegró al ver las fotografías de sí misma de niña, se mostró extremadamente tímida y no nos dio mucha información sobre su vida o sobre la historia de su familia. Cuando le preguntamos sobre su hermana en la foto, nos contestó con una voz apenas audible que Albertina se murió comiendo tierra. Otras personas presentes dijeron que la anemia le causó este comportamiento. Su bisabuelo, Esteban, también había fallecido.

Fátima está casada y tiene dos bellos hijos, de cuatro y seis años de edad, y dedica su tiempo al cuidado de su familia. Su marido trabaja para el dueño de una finca. El aislamiento, la larga temporada lluviosa y el no ser dueños de su propio terreno convierten la supervivencia en una lucha cotidiana.

[2007]
Fátima, age 22.
Buena Vista, dept. of
Río San Juan.

Fátima, de 22 años.
Buena Vista, dpto. de
Río San Juan.

They Hunted Us in the Night[*]

— MICHÈLE NAJLIS

They hunted us in the night
they cornered us
without leaving us more defense than our own hands
linked to millions of other hands.

They made us spit blood
they beat us
filled our bodies with electric shocks
and our mouths with quicklime.
Through long nights they left us with beasts
threw us into timeless dungeons
tore out our nails.
They covered their roofs even their faces
with our blood.

But our hands
remain linked
        to millions of linked hands.

— ENGLISH TRANSLATION BY MARGARET RANDALL

From *El viento armado,* San Carlos University, Guatemala, 1969
Second edition, Editorial Nueva Nicaragua, Managua, 1982.

[*] Written during the years of Somoza's National Guard

Nos persiguieron en la noche*

— MICHÈLE NAJLIS

Nos persiguieron en la noche
nos acorralaron
sin dejarnos más defensa que nuestras manos
unidas a millones de manos unidas.

Nos hicieron escupir sangre
nos azotaron
llenaron nuestros cuerpos con descargas eléctricas
y nuestras bocas las llenaron de cal.
Nos dejaron noches enteras junto a las fieras
nos arrojaron en sótanos sin tiempo
nos arrancaron las uñas.
Con nuestra sangre cubrieron hasta sus tejados
hasta sus propios rostros.

Pero nuestras manos
siguen unidas
        a millones de manos unidas.

De "*El viento armado*," Guatemala Universidad de San Carlos. 1969
2da. edición. Managua. Nueva Nicaragua. 1982

* Escrito durante los años de la Guardia Nacional de Somoza

Sofía del Carmen Palacios Gutiérrez

[1986]

Sofía, age 36, at burial
of her brother-in-law
Enrique Morán Velásquez,
age 19. Jinotega.

*Sofía, de 36 años, en el
entierro de su cuñado de 19 años
Enrique Morán Velásquez.
Jinotega.*

[2005]
Sofía, age 54, selling
snacks and miscellaneous items.
Ayapal, dept. of Jinotega.

*Sofía, de 54 años, vendiendo
bocadillos y misceláneos.
Ayapal, dpto. de Jinotega.*

[2002]

Imelda María Palacios
González, age 44,
sister of Sofía and
partner of Enrique.
Jinotega.

*Imelda María Palacios
González, de 44 años,
hermana de Sofía y
compañera de Enrique.
Jinotega.*

*Even though it's not our children fighting in those
other nations [i.e., Iraq and Afghanistan],
but since we've already experienced that suffering,
we feel the pain of other mothers.... That's the way it is:
mothers always suffer everything
that happens to the child.*

—SOFÍA DEL CARMEN PALACIOS GUTIÉRREZ
Ayapal, dept. of Jinotega, January 19, 2005

I T WAS A STARK SCENE OF SIX COFFINS LINED UP
ON A STREET IN JINOTEGA. Friends and relatives
of the dead were surrounding the victims in disbelief
and anguish. Six security police had been killed that
morning in a *contra* ambush. This was March 27, 1986, Holy
Thursday, the day Judas betrayed Jesus and the day the U.S.
Senate approved $100 million in aid for the *contras*.

In the 1986 photograph, Sofía is standing over the body
of her nineteen-year-old brother-in-law, Enrique Morán
Velásquez, the only open coffin of the six. Enrique and
Sofía's sister Imelda, were young, in love, and the parents
of an infant son.

Testimony on page 182

*Aunque no sean nuestros hijos que están peleando
en esas otras naciones [i.e., Irak y Afganistán],
pero como ya sufrimos eso,
sentimos el dolor de otras madres. [...]
Así es, las madres siempre sufren todo
lo que le sucede al hijo.*

—SOFÍA DEL CARMEN PALACIOS GUTIÉRREZ
Ayapal, dpto. de Jinotega, 19 de enero de 2005

ERA UNA ESCENA DESCARNADA DE SEIS ATAÚDES
ALINEADOS EN UNA CALLE EN JINOTEGA. Los amigos
y familiares de los muertos rodeaban a las víctimas con in-
credulidad y angustia. Seis policías de seguridad habían sido
asesinados esa mañana en una emboscada de la contra. Esto
sucedió el 27 de marzo de 1986, un Jueves Santo, el día en
que Judas traicionó a Jesús y el día en que el Senado de los
Estados Unidos aprobó los 100 millones de dólares de ayuda
para la contra.

En la fotografía de 1986, Sofía está de pie ante el cadáver
de su cuñado de diecinueve años, Enrique Morán Velásquez,
el único ataúd abierto de los seis. Enrique y la hermana de
Sofía, Imelda, eran jóvenes, estaban enamorados y eran padres
de un pequeño hijo.

Testimonio en la página 182

[1988]

Well-armed *contra* with
U.S.-supplied M-60
machine gun.
Guayucalí (between
Condega and Yalí),
dept. of Estelí.

*Contra fuertemente armado
con una ametralladora
M-60, proporcionada
por los EE.UU.
Guayucalí (entre Condega
y Yalí), dpto. de Estelí.*

Marconi Valdivia Zamora

ON DECEMBER 20, 1987, THE *CONTRAS* CARRIED OUT THE LARGEST ATTACK OF THE WAR—a coordinated attack on the mining towns of Siuna, Bonanza, and Rosita. The purpose of this attack was to convince the U.S. Congress that the *contra* force was a viable fighting entity worth supporting. Congress was scheduled to vote on *contra* aid early in 1988. As a direct consequence of this *contra* lobbying, dozens were killed or severely wounded; Marconi, at age eight, was among the latter.

Ironically, Marconi comes from a *pro-contra* family. His uncle fought with the *contras,* and Marconi and his family continue to believe that the Sandinistas caused the war and ruined the Nicaraguan economy.

As anticipated, on March 31, 1988, the U.S. Senate approved $47.9 million in "humanitarian" aid for the *contras* by a margin of 87 to 7.* The already well-armed *contras* had ample supplies of weapons and ammunition from previous congressional appropriations.

Marconi prefers to focus on his beautiful family rather than the pain caused by the war, and hopes to someday complete his university studies and to leave *maquiladora* [assembly plant] work behind.

EL 20 DE DICIEMBRE DE 1987, LA CONTRA LLEVÓ A CABO EL MAYOR ATAQUE DE LA GUERRA —un ataque coordinado en contra de los pueblos mineros de Siuna, Bonanza y Rosita. El propósito de este ataque fue convencer al Congreso de los EE.UU. de que la contra era una entidad luchadora viable a la que valía la pena apoyar. El Congreso estaba programado para votar por la ayuda a la contra a principios de 1988. Como consecuencia directa de esta presión política de la contra, docenas fueron asesinados o gravemente heridos; Marconi, a la edad de ocho años, fue uno de estos últimos.

Irónicamente, Marconi pertenece a una familia pro-contra. Su tío combatió con la contra, y Marconi y su familia siguen creyendo que los sandinistas fueron la causa de la guerra, y que ellos arruinaron la economía nicaragüense.

Como estaba previsto, el 31 de marzo de 1988, el Senado de los EE.UU. aprobó los 47.9 millones de dólares de ayuda "humanitaria" a la contra por un margen de 87 a 7.* Los contras, quienes ya estaban bien armados, tenían más que suficiente abastecimiento de armas y municiones de asignaciones previas hechas por el Congreso.

Marconi prefiere enfocarse en su bella familia en lugar de enfocarse en el dolor causado por la guerra y tiene la esperanza de terminar algún día sus estudios universitarios y dejar el trabajo en la maquiladora.

* Congressional Record, Public Law 100-276, H.J. Res. 523

* Congressional Record, Public Law 100-276, H.J. Res. 523

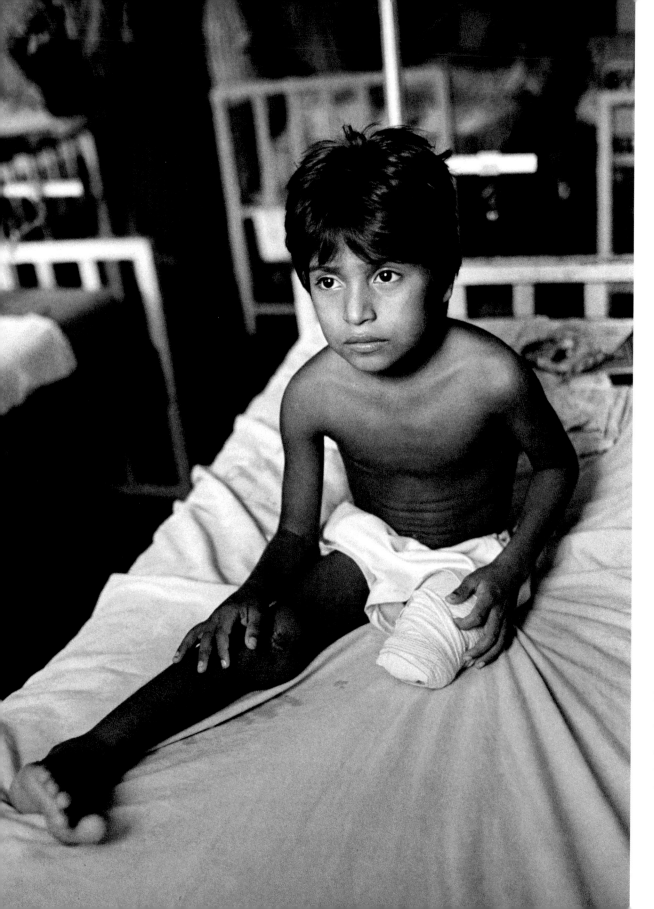

[1988]

Marconi, age 8.
Vélez Páiz Hospital,
Managua.

Marconi, de 8 años.
Hospital Vélez Páiz,
Managua.

*They [in the U.S.] produce
many things that are for war,
so who will they sell them to
if the whole world is at peace?*

—MARCONI VALDIVIA ZAMORA
Managua, March 13, 2005

*Ellos [en los EE.UU.] producen
muchas cosas que son para la guerra,
entonces, ¿a quién se las van a vender
si todo el mundo está en paz?*

—MARCONI VALDIVIA ZAMORA
Managua, 13 de marzo de 2005

[2005]
Marconi, age 26,
ironing pants in
assembly plant.
Managua.

*Marconi, de 26 años,
planchando pantalones
en una maquiladora.
Managua.*

[1987]

Drawing by Shirley,
age 12. Yalí,
dept. of Jinotega.
Under the drawing
she wrote: "Like this the
dogs of Reagan killed
my father in La Rica,
Yalí, Nicaragua."

*Dibujo de Shirley,
de 12 años. Yalí,
dpto. de Jinotega.*

*Shirley Mª Corez Briones.
Yali- Nicaragua libre*

aSi MataronA Mi PaPá losPeRRos
De ReagAn EN la RiCa Yali-NiCaRagua

Shirley María Torres Briones

I don't know why they didn't kill us, because they [the contras] had come to keep an eye on the house.... They were looking for her [my mother] in order to kill her. She was on their blacklist.

—SHIRLEY MARÍA TORRES BRIONES
Managua, May 24, 2005

Yo no sé cómo no nos mataron a nosotros porque habían llegado [los contras] a vigilar la casa. [...] Andaban buscándola [a mi mamá] para matarla. Estaba en su lista negra.

—SHIRLEY MARÍA TORRES BRIONES
Managua, 24 de mayo de 2005

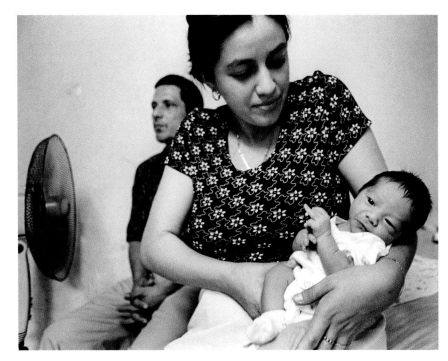

[2002]

Shirley, age 27, with one-month-old son and her husband, Francisco. Managua.

Shirley, de 27 años, con su niño, de un mes, y su marido Francisco. Managua.

Shirley grew up in Yalí, a highly volatile area during the war, situated 126 miles by road north of Managua in the department of Jinotega. Her mother, Blanca Nubia, was a leader in AMNLAE (a Sandinista women's organization) and a member of the civil defense militia of Yalí. During her work with AMNLAE, Blanca survived a total of six ambushes, one of which left nine dead and six wounded, and left her with shrapnel embedded in her skull. For Shirley, Yalí was an environment of fear and violence.

On the other hand, there were benefits to growing up in the eighties, such as access to free education and to basic nutrition. Education was especially important to Shirley, and she was able to continue and complete four years in computer science in the National University of Engineering (UNI) in Managua. During her fifth year she had to drop her studies to raise a family, but she hopes to continue some day. Her husband, Francisco, is a psychiatrist with a private clinic, and travels to Estelí twice a week to teach at two universities. Life is not easy in Nicaragua even for a professional, so Shirley

Shirley creció en Yalí, área muy inestable durante la guerra, situado a 202 kilómetros por camino al norte de Managua en el departamento de Jinotega. Su madre, Blanca Nubia, era líder de AMNLAE (una organización de mujeres sandinistas) y miembro de la milicia de defensa civil de Yalí. Durante su trabajo con AMNLAE, Blanca sobrevivió a un total de seis emboscadas, una de las cuales dejó nueve muertos y seis heridos, y ella quedó con pedazos de metralla alojados en el cráneo. Para Shirley, Yalí constituía un ambiente de miedo y violencia.

Por otro lado, hubo ventajas de crecer en los ochenta, tales como el acceso a la educación gratuita y a un mínimo de nutrición. La educación era especialmente importante para Shirley y pudo continuar y completar cuatro años de Ingeniería en Computación en la Universidad Nacional de Ingeniería (UNI) en Managua. Durante su quinto año tuvo que dejar sus estudios para criar a sus niños, aunque espera continuar algún día. Su esposo Francisco es psiquiatra en una clínica privada y viaja a Estelí dos veces por semana para

supplements their income by selling used U.S. clothing out of their home.

Shirley's thirteen-year-old brother was killed in 1984, just thirteen days prior to her father's death. He also was in the war carrying a weapon and was killed under uncertain circumstances by another thirteen-year-old. Shirley said, "Thirteen-year-olds should be playing, not fighting," and she condemns the practice of issuing weapons to such young children.

Shirley remembers very little about her father. In 1984 she was eight years old. That is when her father, José Mauricio, was killed while defending La Rica, a community nineteen miles north of Yalí. Because of the continuing combat, it took them three days to retrieve his body. It arrived in Yalí wrapped in black plastic and in such a bad state that the soldiers refused to let the family see it. Nevertheless, Shirley drew a picture of her father as she imagined him and as if he could be seen through the plastic.

enseñar en dos universidades. La vida no es fácil en Nicaragua, incluso para un profesional, así que Shirley complementa su salario vendiendo ropa usada de los EE.UU. desde su casa.

El hermano de Shirley, quien tenía trece años, fue asesinado en 1984, justo trece días antes de la muerte de su padre. También en la guerra, él portaba un arma y murió bajo circunstancias poco claras a manos de otro niño de trece años. Shirley nos dijo: "Los niños de trece años deberían estar jugando, no luchando", y condena la práctica de entregar armas a muchachos tan jóvenes.

Shirley recuerda muy poco de su padre. En 1984 ella tenía ocho años. Fue entonces que su padre José Mauricio, fue asesinado mientras defendía la comunidad de La Rica, treinta kilómetros al norte de Yalí. Debido a los constantes combates, les tomó tres días recuperar el cuerpo. Cuando llegó a Yalí, el cuerpo estaba envuelto en un plástico negro y en tal mal estado que los soldados no le permitieron verlo a la familia. Sin embargo, Shirley dibujó un retrato de su padre como ella lo imaginaba y como si pudiera ser visto a través del plástico.

[2002]

Teófilo, age 34,
at home with his
mother. Estelí.

*Teófilo, de 34 años,
en casa con su madre.
Estelí.*

Teófilo Rodríguez Altamirano

It was an unjust war on the part of the gringo
government.... They say they don't do such things
but in reality they have done many bad things in
the world, too many—imperialism, well,
the imperialism in itself [is bad]—but to say
we don't like Americans, no, that is a lie.
The government is what isn't liked, the Americans
yes, because they are human beings like us.

— TEÓFILO RODRÍGUEZ ALTAMIRANO
Estelí, November 9, 2002

TEÓFILO REMAINS UNWAVERINGLY POSITIVE AND SPIRITUALLY FAITHFUL IN A SITUATION THAT WOULD CAUSE MOST PEOPLE TO SINK INTO DESPAIR. His $40-a-month pension is far from adequate, but he is grateful for the roof over his head and for the help provided by his parents, friends, and several cousins.

Teófilo is a paraplegic, wounded in combat in 1986 while serving in the Sandinista Army. The wheelchair, his link to the outside world, causes large sores, so it usually sits empty in the shadows of his room. These sores, aggravated by poor circulation and the lack of physical therapy, keep him in bed for months at a time.

His room is dark, a rosary hangs on a nail—the radio is tuned to an evangelical station.

Fue una guerra injusta de parte del gobierno
gringo. [...] Ellos dicen que no hacen tal cosa pero
en el fondo han hecho muchas cosas malas al mundo,
demasiado —el imperialismo, el imperialismo
en sí, pues [es malo]— que no queremos
a los americanos, eso no, es mentira.
El gobierno es lo que no se quiere, los americanos sí,
porque son seres humanos como nosotros.

— TEÓFILO RODRÍGUEZ ALTAMIRANO
Estelí, 9 de noviembre de 2002

TEÓFILO ES INQUEBRANTABLEMENTE OPTIMISTA Y CON MUCHA FE ESPIRITUAL EN UNA SITUACIÓN QUE HUNDIRÍA A LA MAYORÍA EN LA DESESPERACIÓN. Su pensión de 40 dólares mensuales apenas le alcanza pero se siente agradecido por tener un techo y por la ayuda que le dan sus padres, amigos y varios primos.

Teófilo se quedó parapléjico al ser herido en combate en 1986, mientras servía en el Ejército Sandinista. Su silla de ruedas, su conexión con el mundo exterior, le causa grandes llagas en el cuerpo, así que usualmente permanece vacía en las sombras de su cuarto. Las llagas, agravadas por una circulación deficiente y falta de terapia física, lo obligan a quedarse en cama por meses.

Su cuarto es oscuro, un rosario cuelga de un clavo —el radio está sintonizado en una emisora evangélica.

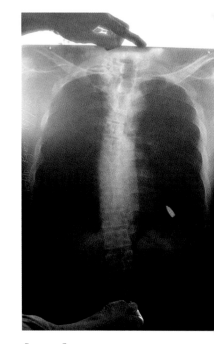

[2002]

X-ray from 2002
showing 1986 bullet still
in Teófilo's body.

Radiografía de 2002 que
muestra la bala de 1986
que Teófilo todavía tiene
en el cuerpo.

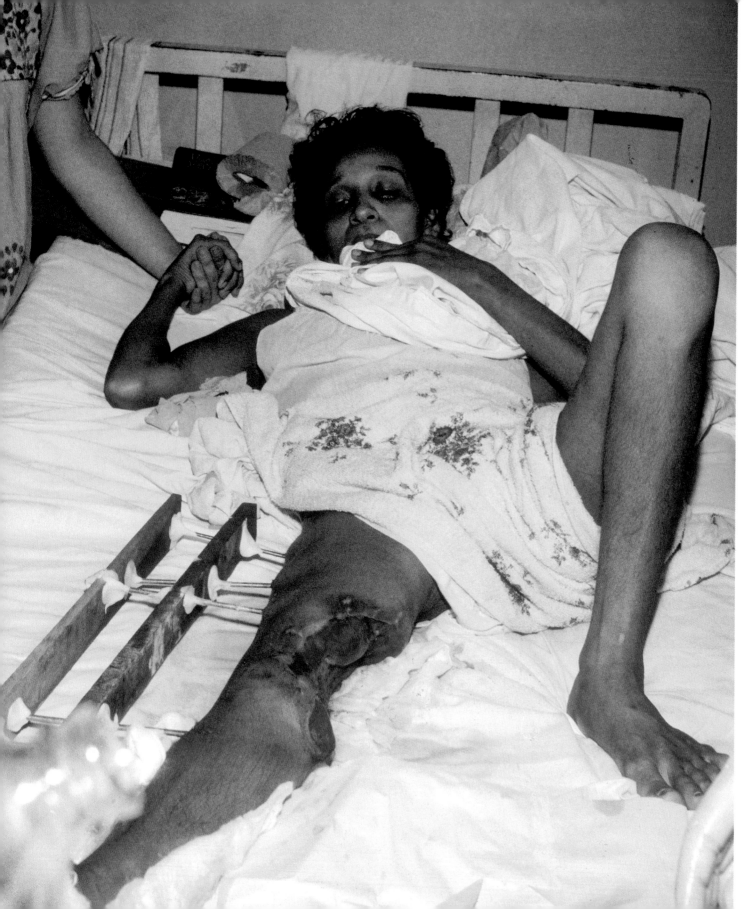

[1985]
Lucila, age 27.
Manolo Morales
Hospital, Managua.

Lucila, de 27 años.
Hospital Manolo
Morales, Managua.

Lucila Incer Téllez

Then the contras arrived and they say,
"Look, here is a fucking woman.
What do you say, we wipe her out
and leave her dead?"

"Leave her there so she learns her lesson,
that you don't go riding in these vehicles of
the fucking 'piricuacos' [vulgar
term referring to the Sandinistas]."

You ask if I have forgiven them?
Well, yes, if one doesn't forgive,
the Lord will not forgive you, right?

—LUCILA INCER TÉLLEZ
Los Laureles, Nueva Guinea, April 8, 2005

Después llegaron los contras y dicen:
"Vean, aquí está una jóbera [jodida] mujer.
¿Qué decís vos, le damos l'agua
y la dejamos muerta?"

"Ahí déjenla, para que le quede de experiencia,
que no se ande montando en estos vehículos
de estos jodidos 'piricuacos' [término
despectivo para los sandinistas]".

¿Si los he perdonado, dice usted?
Pues sí, si uno no perdona,
el Señor no lo perdona a uno, ¿verdad?

—LUCILA INCER TÉLLEZ
Los Laureles, Nueva Guinea, 8 de abril de 2005

LUCILA WAS IN HER FIFTH YEAR OF TEACHING AT A SMALL RURAL PRIMARY SCHOOL six miles from her home in Los Laureles. On June 3, 1985, she hitched a ride to school on a trailer being towed by a tractor that belonged to a nearby farming cooperative. The *contras* ambushed them when they were about two miles from her home; six were killed and four wounded. Lucila's artery was severed, but she was miraculously transported in time to the Nueva Guinea hospital. Local teachers immediately rallied to donate blood.

Although rural teachers were primary targets of the *contras,* it was unlikely that they were aware a teacher was riding on that particular trailer. What the *contras* did know was that the tractor belonged to a cooperative. All over Nicaragua members of cooperatives were being targeted and their property destroyed by the *contras.*

Multiple surgeries kept Lucila in a Managua hospital for nearly two years, but she kept her leg and can now walk with the aid of a brace. She returned to Los Laureles, where she lives with her very supportive father and enjoys caring for her two young children.

LUCILA ESTABA EN SU QUINTO AÑO DE ENSEÑAR EN UNA PEQUEÑA ESCUELA PRIMARIA RURAL, a diez kilómetros de su casa, en Los Laureles. El 3 de junio de 1985 ella pidió un aventón a la escuela en un tráiler remolcado por un tractor que pertenecía a una cooperativa agrícola cercana. La contra les tendió una emboscada cuando estaban a unos tres kilómetros de su casa; seis personas murieron y cuatro fueron heridas. Una de las arterias de Lucila se cortó pero fue milagrosamente transportada a tiempo al hospital de Nueva Guinea. Los profesores locales acudieron inmediatamente a donar sangre.

Aunque los profesores rurales estaban dentro de los objetivos principales de la contra, era poco probable que estuvieran enterados de que iba una profesora en ese tráiler en particular. Lo que sí sabía la contra era que el tractor le pertenecía a una cooperativa. Por toda Nicaragua, los miembros de las cooperativas eran asesinados y su propiedad era destruida por la contra.

Múltiples cirugías obligaron a Lucila a quedarse en un hospital en Managua por casi dos años, pero pudo mantener su pierna y ahora puede caminar con la ayuda de un aparato ortopédico. Regresó a Los Laureles donde vive con su padre, quien le da mucho apoyo, y disfruta cuidando a sus dos pequeños.

[2005]
Lucila, age 47,
singeing chicken pin
feathers. Los Laureles,
Nueva Guinea.

Lucila, de 47 años,
chamuscando las plumas
de la gallina. Los Laureles,
Nueva Guinea.

René Isaac Vargas Pereira

So the most affected was my father, my papa.
He couldn't look at me, because he would faint.
He was the one who entered into a very deep depression.
Therefore, the most logical thing I could do
was to act strong, with a strong character,
in order to lift their spirits.
It was a very difficult task for me.

—RENÉ ISAAC VARGAS PEREIRA
Managua, December 6, 2002

Entonces, el más afectado fue mi padre, mi papá.
Él no podía verme porque se desmayaba.
Él fue quien entró en una depresión bastante fuerte.
Entonces, lo más lógico era que yo tenía
que actuar fuerte, con carácter fuerte,
para levantar el ánimo de ellos.
Fue una tarea bien dura para mí.

—RENÉ ISAAC VARGAS PEREIRA
Managua, 6 de diciembre de 2002

[1986]

René, age 18.
Aldo Chavarría Rehabilitation
Hospital, Managua.

René, de 18 años.
Hospital de Rehabilitación
Aldo Chavarría, Managua.

WHEN WE MET WITH RENÉ IN 2002, he graphically recounted his memory of the mine explosion and ensuing battle that caused his injuries. He then proceeded to share his psychological battles, which have continued to the present.

When Paul visited René in 1986 at the Aldo Chavarría Rehabilitation Hospital, he was sitting on his bed looking alarmingly young and tiny, but in fact he was filling a very large and important role with the other patients. Nicknamed the "psychologist," René refused to engage in self-pity or regrets, but focused on the other war victims in an effort to boost their spirits and help them accept their new situation.

He and his partner currently live with René's mother in Managua. In Nicaragua there are few options for the poor, especially for the poor with disabilities. Consequently, René has not had the opportunity to work or to continue his education.

Testimony on page 185

CUANDO NOS REUNIMOS CON RENÉ EN 2002, nos relató vivamente sus recuerdos de la explosión de la mina y la batalla que tuvo lugar a continuación, las cuales fueron las causas de sus heridas. Luego comenzó a compartir con nosotros sus batallas psicológicas que han continuado hasta el presente.

Cuando Paul visitó a René en 1986 en el Hospital de Rehabilitación Aldo Chavarría, él estaba sentado en su cama, se veía extremadamente joven y pequeño, pero de hecho estaba desempeñando un papel muy grande e importante con los otros pacientes. René, apodado "el psicólogo", se negó a dedicarse a la autocompasión o a los arrepentimientos, en cambio decidió enfocarse en las otras víctimas de la guerra, en un esfuerzo por levantarles el ánimo y ayudarles a aceptar su nueva situación.

Actualmente, él y su compañera viven con la madre de René en Managua. En Nicaragua hay pocas opciones para los pobres, especialmente para los pobres con discapacidades. Por consiguiente, René no ha tenido la oportunidad de trabajar o de continuar con su educación.

Testimonio en la página 185

[2002]
René, age 34.
Managua.

René, de 34 años.
Managua.

Félix Pedro Espinales Vásquez

JALAPA, A TOWN OF APPROXIMATELY 10,000 INHABITANTS, SITS ON THE EDGE OF A BROAD FERTILE VALLEY THAT JUTS INTO HONDURAS. A few pines, thinned by fires and logging, dot the surrounding mountains. If you travel a few miles north, east, or west from Jalapa you run into the Honduran border. Some of the first *contra* incursions occurred here in the early eighties; *contra* training bases, funded by the United States, were just over the border in Honduras.

Félix Pedro, a Sandinista soldier, was involved in those early battles. He suffered his first wound in 1982 while fighting a band of *contras* led by a former member of Somoza's National Guard, whose *nom de guerre* was "El Suicida."* He survived a bullet that passed through his lower back, only to be more seriously injured in 1986 when he accidentally stepped on a land mine that had been placed by another Sandinista patrol in an effort to deter *contra* incursions. Félix Pedro almost died, losing his left leg and left arm, sustaining shrapnel wounds all over his body, and suffering damage in one eye.

JALAPA, UN PUEBLO DE APROXIMADAMENTE 10.000 HABITANTES, QUEDA EN EL BORDE DE UN VALLE AMPLIO Y FÉRTIL QUE SOBRESALE HACIA HONDURAS. Unos pocos pinos, reducidos por los incendios y la tala, salpican las montañas circundantes. Si se viaja unos pocos kilómetros al norte, al este o al oeste de Jalapa, se llega a la frontera hondureña. Algunas de las primeras incursiones de la contra ocurrieron aquí a principios de los ochenta; las bases de entrenamiento de la contra, financiadas por los EE.UU. estaban muy cerca de la frontera en Honduras.

Félix Pedro, un soldado sandinista, estaba involucrado en aquellas batallas desde el principio. Sufrió la primera herida en 1982 mientras peleaba con una banda de contras encabezada por un antiguo miembro de la Guardia Nacional de Somoza cuyo nombre de guerra era "El Suicida".* Sobrevivió a una bala que pasó por la parte inferior de su espalda sólo para ser herido más gravemente en 1986, cuando por accidente pisó una mina antipersonal que había sido colocada por otra patrulla sandinista, en un esfuerzo por impedir las incursiones de la contra. Félix Pedro casi muere al perder la pierna y el brazo izquierdo y al quedar herido de metralla por todo el cuerpo, aparte de dañarle un ojo.

---

* El Suicida is described in less than savory terms in Charles Dickey's book, *With the Contras: A Reporter in the Wilds of Nicaragua* (New York: Simon & Schuster, 1986). He was trained by Argentine soldiers, veterans of that country's "dirty war." El Suicida was later killed by his own men.

* El Suicida es descrito en términos poco favorables en el libro: *With the Contras: A Reporter in the Wilds of Nicaragua* (New York: Simon & Schuster, 1986) por Charles Dickey. El Suicida fue entrenado por soldados argentinos, veteranos de la "guerra sucia" de ese país. El Suicida fue fusilado tiempo después por sus propios hombres.

We visited him in 2002 and found a desperately poor, disabled veteran facing a hopeless future. Since 1990, when almost all of his support from the government was cut off, he had been struggling to survive on a disability pension of 587 córdobas (US$40.50) a month.

In April 2005, much to our delight, we found a positive change in his spirits. He had found a job. He was working as a security guard two long weekends a month. He admitted it wasn't much and it paid poorly, but it was a job and gave him a feeling of pride and purpose.

He still lived alone in the same one-room mud hut, which provided very little protection from the winter rains. He still chopped his own wood, still cooked on an open fire, and still climbed up a slippery, muddy hill to the latrine. In spite of these formidable economic and physical barriers he refuses to be defeated, surviving with a combination of evangelical faith and an indomitable perseverance.

Testimony on page 188

Lo visitamos en 2002 y encontramos a un pobre veterano con discapacidades y confrontando un futuro sin esperanza. Desde 1990, cuando casi todo su apoyo gubernamental fue cortado, él había estado luchando para sobrevivir con su pensión de discapacidad de 587 córdobas (US$40.50) mensuales.

En abril de 2005, para gran alegría nuestra, encontramos un cambio positivo en su espíritu. Había encontrado un trabajo. Trabajaba como guardia de seguridad por dos largos fines de semanas al mes. Él confesó que no era mucho y que no pagaban bien, pero era un trabajo y le daba un sentido de orgullo y un propósito.

Aún vivía solo en la misma choza de un cuarto, la cual le proveía muy poca protección contra las lluvias invernales. Todavía cortaba su propia leña y cocinaba en una fogata abierta y aún subía una colina lodosa y resbalosa para ir a la letrina. A pesar de estas tremendas barreras económicas y físicas, él se rehúsa a dejarse vencer, sobreviviendo con una combinación de fe evangélica y una perseverancia indómita.

Testimonio en la página 188

[2002]
Félix Pedro, age 44,
cutting wood for cooking
fire in his mud hut. Jalapa.

*Félix Pedro, de 44 años,
cortando leña para cocinar
en su choza de barro. Jalapa.*

*I don't believe that even there in the U.S. everyone is a
millionaire, multimillionaire. . . . I imagine that there are
people who are almost the same as us, veterans of war.
And if we go to see the rural people in the mountains of
the U.S., I believe we will find people exactly like us.
Why not invest those millions of dollars that they
are going to invest in that war [in Iraq],
why not invest them in those poor farmers?*

—FÉLIX PEDRO ESPINALES VÁSQUEZ
Jalapa, November 21, 2002

*Yo no creo que en los mismos Estados Unidos todos sean
millonarios, archimillonarios. [...] Yo me imagino que
también hay personas casi igual a nosotros, veteranos de guerra.
Y si vemos a los campesinos de las montañas
de los Estados Unidos yo creo que encontramos personas
igualitas que nosotros. ¿Por qué no invertir esos millones
de dólares que van a invertir en esa guerra [de Irak],
por qué no invertirlos en esos pobres campesinos?*

—FÉLIX PEDRO ESPINALES VÁSQUEZ
Jalapa, 21 de noviembre de 2002

[1988]
Félix Pedro, age 30,
with neighbor boys.
Jalapa.

*Félix Pedro, de 30 años,
con muchachos del barrio.
Jalapa.*

Cristina Borge Díaz

[2002]
Cristina, age 30,
during a Christmas visit
with her parents.
Bocana de Paiwas.

Cristina, de 30 años,
durante una visita de
Navidad con sus padres.
Bocana de Paiwas.

Look, I don't feel resentment in my heart,
I don't feel anything like that, but what I feel is
sadness and I say: Why were these people so unjust?
And I was innocent. That is what I think.

— CRISTINA BORGE DÍAZ
Bocana de Paiwas, December 24, 2002

Vea, no me siento con rencor en mi corazón,
no siento nada de eso, sino que lo que me da es tristeza
y digo yo: ¿Por qué esta gente fue tan injusta?
Y yo era inocente. Eso es lo que pienso.

— CRISTINA BORGE DÍAZ
Bocana de Paiwas, 24 de diciembre de 2002

THE SURVIVAL OF TWELVE-YEAR-OLD CRISTINA WAS MIRACULOUS. In spite of being shot four times, including once through the chest, and not having medical attention for fourteen days, Cristina not only survived but also grew into an active, animated woman.

In her testimony she meticulously described what she remembered of the incident, including her rescue by Father Jim Feltz, a U.S. diocesan priest who had a church in Bocana de Paiwas and who, throughout the war, worked with the poor in the surrounding mountains.

The *contra* attack in the district of Guayabo occurred on September 2, 1984. Seven people were killed, all related to Cristina. Cristina's father, Isabel Borge López, reported that one of their neighbors, a man with a known history of criminal activity and a jail record, denounced many people in the district. He pointed out to the *contras* those who were involved in government activities such as health programs, cooperatives, and the school. Isabel

EL QUE CRISTINA, DE DOCE AÑOS, HAYA SOBRE-VIVIDO FUE MILAGROSO. A pesar de haber sido herida de bala cuatro veces, incluyendo una vez en el pecho, y de no haber tenido atención médica por catorce días, Cristina no sólo sobrevivió sino que llegó a convertirse en una mujer animada y activa.

En su testimonio, ella describe con lujo de detalles lo que recuerda del incidente, incluyendo su rescate por el Padre Jaime Feltz, un cura diocesano estadounidense que tenía una iglesia en Bocana de Paiwas y que durante toda la guerra trabajó con los pobres en las montañas de los alrededores.

El ataque de la contra en la comarca de Guayabo sucedió el 2 de septiembre de 1984. Siete personas murieron, todas parientes de Cristina. De acuerdo con el padre de Cristina, Isabel Borge López, uno de sus vecinos, alguien con una historia reconocida de actividad criminal y con archivo prontuario, denunció a mucha gente de la comarca. Él le señalaba a la contra a aquellos que estaban involucrados en

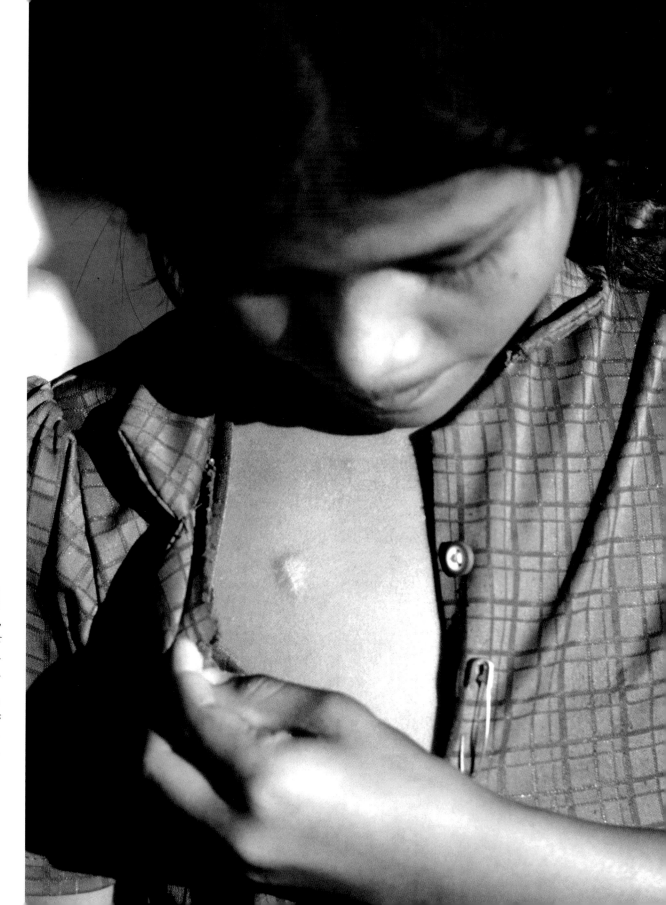

[1985]
Cristina, age 12,
showing one of her
four bullet wounds.
Bocana de Paiwas.

Cristina, de 12 años,
mostrando una de sus
cuatro heridas de bala.
Bocana de Paiwas.

[1985]

Drawing by Cristina, age 12, depicting *contra* attack in Guayabo and showing her cousin's head on fence post. Bocana de Paiwas.

Dibujo de Cristina, de 12 años, representando el ataque de la contra en Guayabo y mostrando la cabeza de su primo en el poste de la cerca. Bocana de Paiwas.

was denounced for his work in the health clinic, but his home was some distance from the others and the *contras* did not go there.[*]

Cristina was not so fortunate. On that day she was visiting her aunt María Díaz, who was on the *contra* list for being involved in a Sandinista program. María was raped and killed, and her house was burned. Cristina was running away from her aunt's house, down a trail toward her home, when she was shot. One bullet passed through her back and came out her chest. Another bullet went through the top of her skull and grazed her brain. Another hit her hip and another mutilated her right hand.

In 1985 Cristina was extremely shy and did not like talking about her experience, nor did she like being photographed. Today she is the other extreme: outgoing, friendly, full of energy, and talkative. She shared her history almost nonstop during our two-hour interview while she was visiting her parents in Bocana de Paiwas. Her husband was unable to find work in Nicaragua, so they now live in Costa Rica with their two children. Although Cristina is unable to work because of her injured hand and frequent headaches, she stays active in her evangelical church and in the community. Her dream is to own her own home.

Testimony on page 190

actividades gubernamentales como programas de salud, cooperativas y la escuela. Isabel fue denunciado por su trabajo en la clínica de salud pero ya que su hogar estaba algo distante de los otros, la contra no llegó hasta allá.[*]

Cristina no fue tan afortunada. Ese día, ella estaba de visita con su tía María Díaz, quien estaba en la lista de la contra por estar involucrada con un programa sandinista. María fue violada y asesinada y su casa fue quemada. Cristina estaba corriendo de esa casa por un sendero hacia la suya cuando le dispararon. Una bala le pasó por la espalda y le salió por el pecho. Otra bala le pasó por encima del cráneo y le rasguñó el cerebro. Otra le impactó la cadera y otra le mutiló la mano derecha.

En 1985 Cristina era extremadamente tímida y no le gustaba hablar de su experiencia o ser fotografiada. Hoy en día, ella es lo opuesto: extrovertida, amistosa, llena de energía y muy conversadora. Compartió su historia con nosotros casi sin parar durante una entrevista de dos horas cuando estaba visitando a sus padres en Bocana de Paiwas. Su marido no había podido encontrar trabajo en Nicaragua, por eso viven ahora en Costa Rica con sus dos niños. A pesar de que Cristina no puede trabajar a causa de su mano herida y sus frecuentes dolores de cabeza, ella se mantiene activa en su iglesia evangélica y en la comunidad. Su sueño es ser dueña de su propia casa.

Testimonio en la página 190

[*] "Twelve-Year-Old Cristina Borge Díaz, Survivor of Four Bullet Wounds," *Witness for Peace Report* (Managua: April 20, 1985).

[*] "Twelve-Year-Old Cristina Borge Díaz, Survivor of Four Bullet Wounds", *Witness for Peace Report* (Managua: 20 de abril de 1985).

All Last Week
— for my daughter, Ana

— MARGARET RANDALL

All last week you preened before the mirror,
viewing emerging breasts
then covering them with gauze-thin blouse
and grinning: getting bigger, huh?

The week before you wore army fatigues
leveling breasts and teenage freckles,
tawny fuzz along your legs. A woman, beginning.

Today you don fatigues again. Today
you pack knapsack and canteen,
lace boots over heavy socks
and answer the call Reagan and Haig
have slung at your 12 years,

yours and so many others, kids
14, 15, 18, so many others who will go
and some of them stay, their mothers
shouting before the Honduran embassy:
Give us our sons' bodies back,
give us back their bodies. At least that.

All last week you preened before the mirror,
moving loose to new rhythms,
long weekend nights,
junior high math, Sunday beach.

Today you go off to the staccato
of continuous news dispatches
and I, in my trench,
carry your young breasts
in my proud and lonely eyes.

Toda La Semana Pasada

— para mi hija Ana

— MARGARET RANDALL

Has pasado la última semana presumiendo ante al espejo,
contemplando tus senos que ya brotan,
luego cubriéndolos con una blusa transparente
y preguntando con picardía: ¿se ven más grandes, eh?

La semana anterior vestías uniforme de campaña
que te aplastaba los senos y las pecas de adolescente,
el vello que asoma en tus piernas. Una mujer que empieza a serlo.

Hoy te pones de nuevo el uniforme. Hoy
agarras la mochila y la cantimplora,
atas las botas sobre las medias gruesas.
Y así respondes al reto que Reagan y Haig
lanzan a tus doce años,

los tuyos y los de muchos otros, jóvenes
de catorce, de quince, de dieciocho, muchos otros que irán
y algunos quedarán, sus madres
gritando frente a la Embajada de Honduras:
Entréguennos los cadáveres
de nuestros hijos, dennos sus cadáveres. Al menos eso.

Has pasado la última semana presumiendo ante al espejo,
moviéndote con soltura ante los nuevos ritmos,
las largas noches de fin de semana,
la matemática de secundaria, la playa del domingo.

Hoy te vas acompañada por el ritmo
de los continuos despachos de noticias.
Y yo, en mi trinchera,
llevo tus nacientes senos
en mis solitarios y orgullosos ojos.

—TRADUCCIÓN POR VICTOR RODRÍGUES NUÑEZ

Graciela Morales Castillo

[1985]
Graciela, age 18,
sixth anniversary of the
triumph of the revolution.
Managua.

*Graciela, de 18 años,
sexto aniversario del
triunfo de la revolución.
Managua.*

*I am convinced, coming from my particular
background, if there had not been a revolution
I would not be a doctor today.*

— GRACIELA MORALES CASTILLO,
Heredia, Costa Rica, March 25, 2007

*Yo estoy clara de que de los orígenes de donde
yo vengo, si no hubiera habido una revolución
yo no sería médico hoy en día.*

— GRACIELA MORALES CASTILLO,
Heredia, Costa Rica, 25 de marzo de 2007

[2007]
Graciela, age 40.
Heredia, Costa Rica.

*Graciela, de 40 años.
Heredia, Costa Rica.*

Of all the people we re-contacted for this book, Graciela was not only the most difficult to locate (we had no name for the 1985 photo), she was also the most economically secure and, therefore, was able to provide her children with a healthy diet, a decent education, and the expectation of a secure future. She benefited from the ten-year revolutionary window of the 1980s when education was free and, despite coming from a poor farming family with seven brothers and sisters, had graduated with a medical degree. In 1997 her work in medicine and public health took her to Washington, DC, where for one year she worked for the World Health Organization and traveled extensively throughout the Western Hemisphere assisting with immunization programs. In 1999 she obtained a job

De toda la gente que contactamos de nuevo para este libro, Graciela no sólo fue la más difícil de localizar (no teníamos su nombre para la foto de 1985), sino que también era la que tenía la mayor seguridad económica y, por eso, podía proveerles a sus hijos una dieta saludable, una buena educación y la esperanza de seguridad para el futuro. Ella se benefició de los diez años del período revolucionario en los ochenta, cuando la educación era gratuita y, a pesar de que su familia eran pobres agricultores (con siete hermanos), logró graduarse con el título de doctora en Medicina. En 1997 su trabajo en medicina y salud pública la llevó a Washington, DC, donde trabajó por un año para la Organización Mundial de la Salud y viajó mucho por el hemisferio occidental ayudando con programas de inmunización. En 1999 obtuvo trabajo en una compañía farma-

with a pharmaceutical company and now lives in Costa Rica with her children and husband, also a doctor.

With graciousness and a totally unassuming manner, she recounted those years of the revolution when, in 1980, at the age of twelve, she and 60,000 other young people joined the National Literacy Campaign to teach reading and writing to adults and when, at the age of fourteen, she shouldered an AK-47 and joined the Sandinista forces against the *contras*.

She then compared her lack of a childhood with the life of her own children, who have been blessed with the opportunity to experience a real childhood. Her straightforward and unpretentious testimony held us spellbound.

Testimony on page 194

céutica y ahora vive en Costa Rica con sus hijos y su esposo, también doctor en medicina.

Con gentileza y carente de afectación alguna, narró esos años de la revolución, cuando en 1980, a la edad de doce años, ella y otros 60.000 jóvenes se unieron a la Cruzada Nacional de Alfabetización para enseñar a leer y escribir a adultos, y cuando a la edad de catorce años, con un AK-47 al hombro, se integró a las fuerzas sandinistas en oposición a la contra.

Después comparó la ausencia de su niñez con la vida de sus propios hijos, quienes han sido bendecidos con la oportunidad de gozar de una niñez real. Su testimonio directo y sin pretensiones nos mantuvo cautivados.

Testimonio en la página 194

Testimonies

Testimonios

MARÍA AUXILIADORA CENTENO CENTENO

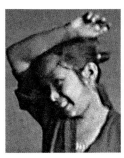

February 9, 2003
Managua

Why did you move to the orphanage?

At that time [January 16, 1984] my father died and my mother was left alone. They [the *contras*] killed him in the war.... Three months after my father died, they killed my brother.... He was doing his military service; he was twenty-two years old.... That left four children. My mother couldn't take care of all four. Two went to the orphanage, and two stayed with her because they were so small.

Do you remember anything of the death of your father?

Of my father, honestly, I only remember what I was told....
[There was] an attack around six in the morning. My father was the manager of the farm.... In those times they called it a cooperative; it was called Aurelio Carrasco....
He was the boss. They wanted his head mostly because he was the boss. With the death of my father, we moved to Yalí.

What do you remember of the orphanage?

When we were in the orphanage, really, we didn't lack anything. There we had shoes, clothes, food; we had everything there. Well, we endured. The only thing was the war. We always lived with the

9 de febrero de 2003
Managua

¿Por qué fue al internado (orfanato)?

En ese tiempo [16 de enero de 1984] mi papá se murió y mi mamá se quedó sola. Lo mataron [los contras] en la guerra. [...] A los tres meses de haber matado a mi papá, mataron a mi hermano. [...] Andaba en el servicio militar; él tenía veintidós años. [...] Nos quedamos cuatro chavalos. Mi mamá no podía con los cuatro. A dos mandó al internado y dos se quedaron con ella porque ellos estaban demasiado pequeños.

¿Recuerda algo de la muerte de su papá?

De mi papá, sinceramente, sólo lo que me cuentan. [...] [Fue] un ataque a eso de las seis de la mañana. Mi papá era administrador de la hacienda. [...] En ese tiempo se le llamaba una cooperativa; se llamaba Aurelio Carrasco. [...] Él era el jefe. Pues lo que querían era la cabeza de él porque él era jefe más que todo. Al morir mi papá, vinimos a vivir a Yalí.

¿Qué recuerda del internado?

Cuando estuvimos en el internado, realmente, no nos faltó nada. Allí teníamos zapatos, la ropa, la comida; todo lo teníamos allí. Bueno, aguantamos. Lo único fue la guerra. Siempre pasamos el trajín

ups and downs of the war because at any time there could be combat. Perhaps [when the *contras* attacked] we were in the orphanage or we took shelter at home, because we weren't permanently in the orphanage. If there wasn't combat we went home in the afternoon because there were too many children for all of us to sleep there. Sometimes the war caught us in the street. I remember when the bomb fell behind the orphanage. We were very afraid because the orphanage was big and the bomb could very well have taken off the upper part, but thanks to God, it didn't hit it. We were very frightened. It was very close. All the children screaming, scared. We were all very small; we were little children.

About the reconciliation, what do you think of the people of the resistance (the contras), the ones that killed your father and your brother?

That's past. It's almost twenty years since they killed my father. Now everything looks normal to me. At the beginning, yes, I felt a little hatred for them. Now, no; now everything seems normal.... I got rid of that hatred that I had. Yes, my mother still has a problem with them; she hasn't forgotten.

You were talking about your work [At this interview she had only worked four days in the assembly plant.—Ed.]

de la guerra, porque a cualquier hora ya se hacía un combate. Tal vez [cuando atacaba la contra] estábamos en el internado o nos agarraba en la casa, porque no estábamos internados fijos, sino que ya en la tarde nos íbamos para la casa porque, como había demasiados niños, no alcanzábamos todos para dormir allí. A veces la guerra nos agarró en la calle. Me acuerdo cuando tiraron la bomba detrás del internado. Nos asustamos mucho porque el internado era grande, bien podría agarrar la parte de arriba del internado la bomba, pero gracias a Dios, no la agarró. Estábamos muy asustados. Muy cerca fue. Todos los niños pegando gritos, asustados allí. Todos estábamos bien pequeñitos; éramos chavalitos.

Sobre la reconciliación, ¿qué piensa de la gente de la resistencia [la contra], los que mataron a su padre y a su hermano?

Ya ha pasado. Ya son casi veinte años que mataron a mi papá. Yo lo miro normal. Al principio, sí, sentí un poco de odio por ellos. Ahora, no; ahora lo miro normal. [...] Ya se me quitó ese odio que tenía. Sí, mi mamá todavía tiene esa cosita con ellos; ella no se olvida.

Estaba hablando de su trabajo [En esta entrevista ella había trabajado solamente cuatro días en la maquiladora.—n. del e.]

El trabajo es un poco pesado. [...] Salgo a las seis de la mañana en

My work is a little hard.... I leave at six sharp in the morning in order to be in the Free Trade Zone[*] at six forty-five.... Frankly, I don't know how to pronounce [the name of the factory] because it seems like it's written in Chinese.... All the owners are Chinese [Taiwanese—Ed.], and only Nicaraguans work there—mostly women, young, old, whoever, who work on [sewing] machines and with fabrics.

punto para estar faltando un cuarto para las siete allí en La Zona Franca[*]. [...] Sinceramente, no sé pronunciar [el nombre de la maquiladora] porque parece que lo escriben en chino. [...] Todos los dueños son chinos [taiwaneses—n. del e.] y sólo los nicaragüenses trabajan allí. Sólo mujeres más que todo, jóvenes, viejas, como sea, que trabajan en máquinas [de coser] y con cosas de telas.

[2003]

María Auxiliadora, age 25, giving testimony in a restaurant. Managua.

María Auxiliadora, de 25 años, dando su testimonio en un restaurante. Managua.

November 21, 2004
Managua

How much do they pay you in the factory?

Seven hundred córdobas [approximately US$44] every two weeks, six days a week, taking my lunch, paying my bus fare, from seven to five twenty and Saturdays from

21 de noviembre de 2004
Managua

¿Cuánto le pagan en la fábrica?

Setecientos pesos [córdobas, aproximadamente US$44] quince-nal, seis días a la semana, llevando mi comida, pagando mi pasaje, de siete a cinco y veinte, y sábados de siete a doce. [...] Tengo que

seven to noon.... I have to catch two buses—that's six córdobas in the morning and six córdobas in the afternoon.

What do you do in the factory?

I inspect pants so there are no flaws—so they are as perfect as possible so the client will be able to buy them. [I'm] on my feet all day, from seven to five. I can't sit down; it's prohibited to sit down.

Is there opportunity to improve yourself?

There are no opportunities; wherever you are, you stay there. There's no opportunity to get ahead. No, the person who is ahead stays ahead and the one who is behind stays there.

Do you pay anything to live here?

No, I only pay for water and electricity because the house is ours, the land is ours. Or that is, they haven't given us the title because not all the land [takeovers] are legal, but we say *ours* even though it belongs to the government. I pay one hundred córdobas for electricity per month; for water I pay fifty-five córdobas. There's almost nothing left of my salary....

The future keeps getting worse. A pound of beans that used to cost five pesos [córdobas] went up to seventeen. Right now it is at eight, but it was seventeen.... Who knows what we will eat tomorrow

agarrar dos buses —en esos son seis córdobas en las mañana y seis córdobas en la tarde.

¿Qué hace en la fábrica?

Inspecciono pantalones, que no vayan fallados, que vayan lo más perfecto que se pueda para que el cliente los pueda comprar. [Estoy] de pie todo el día, de pie de siete a cinco. No puedo sentarme, prohibido sentarme.

¿Hay oportunidad de superarse?

Allí, no hay oportunidades; en lo que está, en eso se queda. No les dan la oportunidad de superarse. No, el que ya está superado ya está, y el que está abajo, igual.

¿Tiene que pagar algo para vivir aquí?

No, sólo pago agua y luz porque la casa es propia; el terreno es propio. O sea, la escritura no nos la han dado porque no están legales todos los terrenos [las tomas], pero nosotros decimos *propios* aunque sean del gobierno. Pago cien córdobas de luz al mes, de agua pago cincuenta y cinco córdobas. De mi salario casi no me queda nada. [...]

El futuro cada vez es peor. La libra de frijoles, que valía cinco pesos [córdobas], está a diecisiete. Ahorita está a ocho, pero estaba a diecisiete. [...] Quién sabe qué iremos a comer el día de mañana porque todo está caro.

---

[*] A labor-intensive manufacturing area where trade barriers such as tariffs and quotas are eliminated or

[*] Un área de manufactura de labor intensiva donde se eliminan o se reducen las barreras arancelarias tales como las

reduced. Products are made for export, usually from imported raw materials or components.

tarifas y las cuotas. Se hacen productos para la exportación, usualmente de materias primas y componentes importadas.

because everything is so expensive.

Levy [my husband] can't help us now; he drinks. He has a lot of problems with alcohol because of the death of his mother. It is very hard to live like that. If he could just get into a rehabilitation center he could move forward. It is an illness.

Is Levy's father alive?

His father is alive, but he lives in Yalí. It's as if he didn't have a father; he doesn't care about him [Levy], there's no contact.... He [Levy's father] has a history. He was in jail in the seventies [She meant eighties.—Ed.], I believe, because he was in [Somoza's] National Guard. He got out after Doña Violeta* won; he got out of jail. He was a prisoner for ten years. He was in the [National] Guard, the famous Guards.... I believe his [Levy's] father was in the Air Force. I'm not really sure; he never told me his story. He has no love for the Sandinistas. In that way he and my father were on opposing sides. My father was a Sandinista, my mother also, a Sandinista.... But we don't harbor ill will toward him.... That's the way life is.

★   ★   ★

Levy [mi marido] ahora no nos puede ayudar; anda tomado. Tiene bastantes problemas de alcohol a raíz de que murió su mamá. Es bien duro vivir así. Al menos que se meta a un centro de rehabilitación, para salir adelante. Es una enfermedad.

¿El papá de Levy vive?

Su papá vive, pero vive en Yalí. Pero igual como que si no lo tuviera, no se preocupa por él [Levy], no hay contacto. [...] Él [papá de Levy] tiene una historia. Estuvo preso en los setenta [Ella quiso decir los ochenta.—n. del e.], creo, porque él era Guardia Nacional [de Somoza]. Él salió a raíz de que ganó Doña Violeta;* salió de la cárcel. Él estuvo preso diez años. Era Guardia [Nacional], de los Guardias famosos. [...] Creo que su papá [de Levy] era de la Fuerza Aérea, no estoy muy segura; nunca me ha contado su historia. Él no quiere a los sandinistas. En ese caso fue un rival con mi papá. Papá era sandinista, mi mamá también, sandinista. [...] Pero no le guardamos rencor. [...] Son cosas de la vida.

★   ★   ★

LUZ MABEL LUMBÍ RIZO

February 22, 2003
La Unión

Do you remember anything from the attack?

No, nothing, I was barely twenty months old. I don't remember anything.

And now, how is it to live here with your disability?

I live peacefully. Well, yes, it is difficult because there are times when it worries me to hold the baby.... Well, to go out they help me because she is very heavy to carry. My mother and sisters help me. Sometimes they help me when I go to the chapel. Then I get to rest, but for me alone it is difficult.

Yes, but it looks like you can do almost everything.

Well, yes, I do everything. I iron, make tortillas, wash clothes. I do

22 de febrero de 2003
La Unión

¿Recuerda algo del ataque?

No, nada, yo apenas tenía veinte meses. No me acuerdo de nada.

¿Y ahora, cómo es vivir aquí con su discapacidad?

Vivo tranquila. Bueno, sí, es difícil porque hay veces que me aflijo porque para chinear [acunar] a la niña. [...] Pues, para salir me ayudan porque para cargarla es muy pesada. Me ayudan mi mamá, mis hermanas. A veces me ayudan cuando voy a la capilla. Pues ya descanso yo, pero para mí sola es difícil.

Sí, pero parece que puede hacer casi todo.

Sí, yo hago todo pues. Plancho, echo tortillas, lavo la ropa. Todo hago en la casa. [...] Yo echo ternero [a caballo], todo eso hago

[1987]
Luz Mabel,
age 22 months, with
her brother. Jinotega.

Luz Mabel,
a la edad de 22 meses,
con su hermano. Jinotega.

★ Violeta Chamorro of the U.S.-backed UNO coalition, won the presidential elections on February 25, 1990, ending the Sandinista leadership.

★ Violeta Chamorro de la coalición UNO, apoyado por los EE.UU., ganó las elecciones presidenciales el 25 de febrero de 1990, terminando el liderazgo sandinista.

everything at home.... I round up calves [on horseback]. I do all of this when he [my husband] isn't here.

What do you feel toward the men who came to your house that night?

Well, we won't do anything to him [my uncle] but he will have to answer to God because we aren't bad people ... and he did this to us. It's because of envy, but God will make him pay.... Now we live well, thanks to God. As a little girl I suffered the most because the war left me without my arm. And now, well, we are fine.

Where was your father buried?

In Jinotega.

And your little sister also?

Yes, and my arm also. It's there. It's buried with him.

★   ★   ★

cuando él [mi marido] no está.

¿Qué siente por los hombres que vinieron a su casa esa noche?

Pues que nosotros no le [a mi tío] iremos a hacer nada, pero con Dios va a tener su pago. Porque nosotros no somos gente mala pues, [...] y él nos hizo esto. Es por envidia pues, pero yo digo que con Dios lo va a pagar. [...] Ahora vivimos bien, gracias a Dios. Yo, cuando chiquita, más sufrí la guerra, porque quedé sin mi bracito. Y ahora ya, bueno, estamos bien.

¿Dónde fue enterrado su papá?

En Jinotega.

¿Y también su hermanita?

Sí, y el brazo mío también. Está allá. Está enterrado con él.

★   ★   ★

SILVIO ANTONIO CERNA ZÚNIGA

March 15, 2003
Juigalpa

Silvio, do you remember what year you went to El Juste? Also, where is El Juste?

I went to El Juste in 1985. It is located in the Amerrisque Mountains, next to San Pedro de Lóvago. It is approximately

15 de marzo de 2003
Juigalpa

Silvio: ¿recuerda usted en qué año fue a El Juste? También, ¿por dónde queda El Juste?

Fui a El Juste en el año 85. Queda en los cerros de Amerrisque, contiguo a San Pedro de Lóvago. De Juigalpa queda aproximada-

seven miles from Juigalpa. It's not far. It was a membership cooperative, an association of affiliates. They had land, heifers to fatten, and some pregnant cows bought with a bank loan. At the end of the year the cattle were ready to give birth.... They had calves and our account was paid off at the bank and the rest went to the cooperative.

So everything was going well?

Yes, until 1987, the second of November, when they [the *contras*] came and attacked us at three in the morning, a Tuesday. The child [my son, Alexsey] was a newborn; he was two months old. That was when the shooting began.... There were few of us.... There was a military base, but at that moment there were no more than three [soldiers] because the others had left. Or, that is to say, when they attacked us we were approximately five people [three soldiers and two civilian militias]....

All the people left running, the civilians who were there.... We remained on a hill ... knowing that his mother [Geraldina] had already left with him [Alexsey]....

We were just watching the terrible things that they [the *contras*] were doing.... They began to throw gasoline on the houses and light them on fire.... The leader of our group and I managed to count fifty-seven men [*contras*]....

mente a doce kilómetros. No está largo. Había una cooperativa de afiliados, una sociedad de cooperados. Tenían tierra, novillos de engorde y unas vacas paridas financiados por el banco. Al final del año el ganado ya estaba de saca. [...] Se sacaba y se liquidaba al banco y le quedaba su ganancia a la cooperativa.

¿Entonces todo andaba bien?

Sí, hasta el año 1987, el dos de noviembre fue cuando llegaron [los contras] y nos atacaron a las tres de la mañana, un día martes. El niño [mi hijo Alexsey] estaba recién nacido; tenía dos meses de nacido. Fue entonces cuando comenzó la balacera. [...] Estábamos poca gente. [...] Había una base militar, pero en el momento había solamente tres [soldados] nada más, porque andaba la gente afuera. O sea que, cuando a nosotros nos atacaron, habíamos aproximadamente cinco personas [tres soldados y dos milicianos civiles]. [...]

Toda la gente salió corriendo, la gente civil que había allí. [...] Nos quedamos en una lomita [...] sabiendo de que la mamá [Geraldina] con él [Alexsey] ya se había salido. [...]

Nosotros estábamos sólo mirando la zanganada [gamberrada] que [los contras] estaban haciendo. [...] Comenzaron a tirarle gas a las casas y a prenderles fuego. [...] El

She [Geraldina] had fled into the hills to hide but returned because she heard—she says she thought she heard—the shouts of her brothers saying, "We won, they have run away."... It was five in the morning when she was returning, and they [the *contras*] said, "Hey, come here, *piricuaca* [rabid bitch]," and began to machine-gun her from a distance of fifty meters with FALs [Belgian-made automatic rifles].

They obviously saw her. There was absolutely nothing [in the way]. It [the view] was completely clear. They clearly saw that it was a woman with a child and that they were civilians.... They shot her in a burst of gunfire and one of the bullets hit her here, in the back. The bullet went right through her. It was the bullet that went through her that took off his [Alexsey's] leg. She fell. I saw all of this, and the other man, the leader who was there, saw it. She fell and got up. She got up with one hand holding him and the other holding her stomach.

Then they [the *contras*] started to take out sacks of shoes, clothes, and everything that we had in the cooperative store and set it and all the houses on fire.... We had just finished our corn harvest. All of us, the cooperative members, had our houses full of corn. They burned all of it. Nothing

jefe del grupo que estaba y yo logramos contar cincuenta y siete hombres [contras]. [...]

Ella [Geraldina] había salido al monte a esconderse y entró de nuevo porque oyó —que pensaba, ella dice, de que oía— los gritos de sus hermanos que decían: "Ya les ganamos, ya se fueron". [...] A las cinco de la mañana fue cuando iba entrando y le dijeron ellos [los contras]: "Y aquí, vení 'piricuaca' [perra rabiosa]" y comenzaron a rafaguearla a unas cincuenta varas [metros] de distancia con FALs [rifles automáticos hechos en Bélgica].

A ella la vieron palpable. No había nada, nada. Estaba limpio, limpio. Perfectamente miraron que era una mujer con una criatura, y que eran civiles. [...] En ráfaga le tiraban las balas y una de ellas la agarró a ella por aquí en la espalda. La bala le pasó de viaje. Fue la que le pasó llevando la pierna de él [Alexsey]. Ella cayó. Yo todo esto lo miré y el otro señor, el jefe que había, lo miró. Ella cayó y se levantó; se levantó con una mano agarrándolo a él y con la otra agarrándose el estómago de ella.

De allí comenzaron [los contras] a sacar los sacos de zapatos, ropa y todo lo que teníamos en la [tienda] campesina y toditas de las casas encendidas, prendidas de fuego. [...] Acabábamos de sacar una cosecha de maíz. Todos los cooperados, teníamos llenas las

was left, only ashes.

We stayed up there a little longer. I wanted to leave but the leader of the group grabbed me and said "no," that I was just going to die. But with that pain, to see that happening to my son— that they had shot him, that they had shot my wife—so I wanted to go down but I held myself back....

When [the *contras*] were ordered to leave, we went to see what was there, what had happened. When we arrived at the base her two brothers were there. One was shot from head to toe, riddled with bullets. And the other, it looked like the first shots hit him when he was asleep in the hammock because he had shots here, in his forehead, and they had set him on fire.

Then we continued looking because there were people missing.... Then with some shovels we lifted some metal roofing and there was his [Alexsey's] grandmother, burned. She was burned, a tiny piece was all we found of her, nothing more....

We continued looking for people.... A young boy said to me, "Don Silvio, over there is Geraldina. She is dead." It was a terrible shock for me to hear this. "Where is she?" I ask. "Over there," he tells me, "in the stubble where Doña Rita planted." I went there with another boy and

casas de maíz. Todo eso se quemó. No quedó nada, sólo cenizas.

Entonces allí nos quedamos nosotros un rato. Yo quería salirme, pero el jefe que estaba allí del grupo, me agarró y me dijo, "no", que iba a morir nada más. Pero yo con aquel pesar, aquello de ver que a mi hijo —lo habían tirado, a mi señora, pues, la habían tirado— entonces yo quería entrar pero me contuve. [...]

Cuando [los contras] se fueron a la orden, nosotros entramos de nuevo a ver qué había pasado y cuando llegamos a la base estaban los dos hermanos de ella. Uno estaba tirado de los pies a la cabeza, taconeado a balas. Y el otro, parece que los primeros tiros le cayeron cuando él estaba dormido en la hamaca porque tenía balazos aquí en la frente, y le pegaron fuego.

Después seguimos buscando porque había personas que no aparecían. [...] Entonces con unas palas levantamos el zinc y ahí estaba quemada la abuela de él [Alexsey]. Estaba quemada, un pedacito así nada más le hallamos. [...]

Seguimos buscando gente. [...] Un chavalito me dijo: "Don Silvio, allá está la Geraldina. Está muerta". Fue un golpe duro para mí, oír eso. "¿Dónde está?", digo yo. "Allá está", me dice él: "en el rastrojo donde sembraba Doña Rita". Me fui allí con otro muchacho y allá la hallamos a ella

we found her there all spread out with everything inside, outside. Everything was outside.

Then we saw her open her eyes. So I asked, "and the child?" She just pointed with her hand. There, in a big tree they call here a *pochote,* was a hole. So that is where she had put the child … but because she was cold she had gone out into the cleared field where there was sun and that is when we picked her up. I grabbed a bucket of water, washed everything that was outside, put it back inside and took off my shirt and tied it around her. We fixed a hammock with some poles and put her in it with him [Alexsey], with his little leg that was completely blown apart….

Do you know who did it?

Well, the resistance [the *contras*].

I mean, is one of them living around here?

Yes, in fact I know some of them who were there, who were with the resistance [the *contra*]. Now we are friends…. And so I asked them, "Why did you do it?" Then they come back with, "Why me, why did you also do it?" Then I answered that it was a cooperative, it was moving forward, that we were harvesting corn and beans and, you know, cattle. We weren't doing anything

that would hurt them; on the contrary, we were doing good things. What we had to do was just defend ourselves.

What do they say?

Well, some I know laugh, but one of them says, "What a mistake, in reality, that we did so much without knowing what we were doing."…

And now, are you involved in politics?

No more, I dedicate myself to surviving. I work in masonry, construction.

Is there work?

There is, but very little. You work three weeks and rest two, just to half survive.

If you could say something to the people of the U.S., what would you say?

At least not to continue supporting [a group within the country], because people end up fighting each other because of their [the U.S.'s] help—too much blood, children dead. How many children have died, have ended up without their legs? I say to them to look for peace; that is the best for everyone…. It's beautiful to live in peace.

★   ★   ★

tendida con todo lo de adentro, afuera. Tenía todo afuera.

Entonces miramos que ella abrió los ojos. Entonces le pregunté: ¿"y el niño?". Ella sólo con la mano enseñó. Allí, un palo [árbol] grande —de "pochote" le llaman aquí— tenía un hoyo. Entonces allí había metido al niño [...] pero ella, del frío salió para afuera, al campo pelado de viaje, donde le diera el sol, y fue cuando la levantamos a ella. Agarré un balde de agua, le lavé todo lo que tenía afuera, se lo acomodé de nuevo y me quité mi camisa y se la amarré. Acomodamos una hamaca con unos palos y allí la montamos junto con él [Alexsey], ya con su piernita, ya era de viaje desbaratada. [...]

¿Sabe usted quién lo hizo?

O sea la resistencia [la contra].

Quiero decir si uno de ellos vive por aquí.

Sí, incluso conozco algunos de los que estuvieron allí, que andaban con la resistencia [la contra]. Ahora somos amigos. [...] Y entonces yo les pregunté, "¿Por qué lo hacían?" Entonces me contradecían ellos a mí: "¿Por qué yo, por qué lo hacía también?" Entonces yo les contesté que estaba en una cooperativa, estaba en un avance pues, estábamos en cosecha de maíz, frijoles, quien sabe, ganado. No estábamos en algo

que les perjudicaría a ellos, sino que estábamos haciendo el bien. Nosotros lo que teníamos que hacer era nomás defendernos.

¿Qué dicen ellos?

O sea, unos que yo conozco, ellos se ponen a reír y dice uno de ellos: "Que cantiada [equivocación], en realidad lo que hacíamos sin saber lo que hacíamos". [...]

¿Y ahora está metido en la política o ya no?

Ya no, me dedico ahora a sobrevivir. Trabajo en albañilería, construcción.

¿Hay trabajo?

Hay, pero poco. Se trabaja tres semanas y dos se descansa para medio sobrevivir.

Si pudiera decir algo al pueblo de los Estados Unidos, ¿qué les diría?

Por lo menos ya no seguir apoyando [un grupo dentro del país] porque los mismos pueblos pelean por medio del apoyo de ellos [de los EE.UU.] —demasiada sangre, niños muertos. ¿Cuántos niños han muerto, han quedado sin sus canillas [piernas]? Yo les digo que busquen la paz; que es lo mejor para todos. [...] Bonito vivir en paz.

★   ★   ★

LAGARTILLO:
FLORENTINA PÉREZ CALDERÓN

November 10, 2002
Lagartillo

With the triumph of the revolution on July 19, 1979, extraordinary things began to happen in our lives. One of the most important was the Literacy Crusade. Huge numbers of young people from the cities were mobilized to the countryside. A young man from León, Isidro Rojas, came to my house and he taught us to read and write. The Literacy Crusade lifted us out of the darkness in which we were submerged. It was at this time, however, that all over Nicaragua the counterrevolution began to break out. Members of the literacy brigades were the first targets. On the twenty-fourth of March the *contras* murdered Georgino Andrade, the first martyr of the Crusade. We were very frightened that the *contras* would come to our community to kill us and our teachers. Fortunately, nothing happened in our village and the Crusade finished with success. One of our most beautiful dreams came true—to learn to read and write.*

10 de noviembre de 2002
Lagartillo

Con el triunfo de la revolución el 19 de julio de 1979, extraordinarias cosas empezaron a pasar en nuestras vidas. Una de las más importantes fue la Campaña de Alfabetización. Enormes cantidades de jóvenes de las ciudades fueron movilizados al campo. Un hombre joven de León, Isidro Rojas, vino a mi casa y nos enseñó a leer y a escribir. La Campaña de Alfabetización nos sacó de la oscuridad en la cual estábamos sumergidos. Sin embargo, fue en este tiempo cuando por toda Nicaragua la contrarrevolución empezó a extenderse. Los primeros objetivos fueron las brigadas de alfabetización. El 24 de marzo, los contras asesinaron a Georgino Andrade, el primer mártir de la Campaña. Teníamos mucho miedo de que la contra viniera a nuestra comunidad para matarnos a nosotros y a nuestras brigadistas. Afortunadamente, no pasó nada en nuestro pueblo y la Campaña acabó con éxito. Uno de nuestros sueños más preciados se hizo realidad —aprender a leer y a escribir.*

And did you learn other things?

Yes, we learned how to organize, to work together.... Before the revolution we didn't have ... a clear awareness, perhaps, of how to see other people, how to look at the poor, poor with the poor, things like that. And, of course, all of that we learned after [the triumph]. Of course we learned many things.

Here you have a very nice community. It looks like you have unity.

Yes, unity, certainly; during the time that we lived in the cooperative, we all learned. We lived and learned to be like brothers and sisters.

[After the elections of February 25, 1990, Jenny Atlee recorded the following words of Florentina. —Ed.]

Jenny, this is the worst thing your government [U.S.] has done to me. This is worse than when I lost my husband and daughter. When they killed José Ángel and Zunilda, they took from me personally. It was my individual loss. But now they've taken my people's freedom. They've stolen our hope. They've taken the whole dream away.**

Well, now it's different. Now the government that we have

¿Y aprendieron otras cosas?

Sí, aprendimos a organizarnos, a hacer el trabajo juntos. [...] Antes de la revolución nosotros no teníamos [...] una conciencia clara de, tal vez, de mirar por los demás, de mirar a los pobres, pobres con pobres, todo eso. Y claro que todo eso lo aprendimos después [del triunfo]. Claro que aprendimos muchas cosas.

Aquí tiene una comunidad muy bonita. Parece unida.

Sí, unida, claro que sí; como en el tiempo que vivimos en cooperativa, todos aprendimos. Vivimos y aprendimos a ser como hermanos.

[Después de las elecciones del 25 de febrero de 1990, Jenny Atlee anotó las siguientes palabras de Florentina.—n. del e.]

Jenny, para mí este fue el peor golpe que me hizo su gobierno [EE.UU.]. Fue incluso peor que cuando perdí a mi marido e hija. Cuando los mataron a José Ángel y a Zunilda, me llevaron personalmente. Fue mi pérdida individual. Pero ahora, se han llevado la libertad de mi gente. Nos han robado la esperanza. Se han llevado el sueño entero.**

Ahora, bueno, es otra cosa. Ahora el gobierno que tenemos [de

* This statement is drawn from a booklet, *La Vida de Tina,* published by the María Zunilda Pérez Cooperative (London, 1994).

* Esta parte viene de un librito, *La Vida de Tina,* publicado por La Cooperativa María Zunilda Pérez, (Londres, 1994).

** Jenny Atlee-Loudon, *Red Thread* (Washington, DC: Epica, 2001).

** Jenny Atlee-Loudon, *Red Thread* (Washington, DC: Epica, 2001).

[Enrique Bolaños] doesn't help us, the poor. There's not a war with weapons, but there is a war of hunger, of unemployment, of corruption, of robbery, everything.

And the struggle of the eighties, was it for nothing or was something gained?

For me nothing was gained.... I have been speaking with some people who say that the struggle was for nothing because our people died struggling, because we had a revolution and it was necessary to defend it, and we believed in a better future. But with the governments that came after [1990] everything fell apart. Our struggle was in vain. Our deaths were in vain. Today the government that we have doesn't even remember the mothers that ended up without children, without husbands, without anything. So for me it was in vain, everything that was done, everything was lost, because we have returned again to the past, as when Somoza was here.

At times I tell the boys and girls that I wish life were like a cassette, that I could rewind it and start at the [beginning], like the time when we began to live and to have him [José Ángel] with us and everything.

★   ★   ★

Enrique Bolaños], bueno, no nos ayuda a los pobres. No hay guerra de armas pero ahí está la guerra del hambre, del desempleo, de la corrupción, del robo, de todo.

Y la lucha de los ochenta, ¿no sirvió para nada o se logró algo?

Para mí que no se logró nada. [...] Yo hablo con alguna gente que dice que la lucha fue para nada porque nuestra gente murió luchando, porque teníamos una revolución y había que defenderla y pensábamos en un futuro mejor. Pero con los gobiernos que vinieron después [de 1990] todo se fue al suelo. Nuestra lucha fue en vano. Nuestros muertos fueron en vano. Hoy el gobierno que tenemos ni siguiera nos recuerda a las madres que quedamos sin los hijos, sin los maridos, nada. Entonces, para mí fue en vano todo lo que se hizo, todo se perdió, porque volvemos al pasado otra vez, como cuando estaba Somoza.

Yo a veces les digo a los muchachos que yo quisiera que la vida fuera como un *cassette,* que yo le pudiera dar vuelta y llegar al [principio] como cuando empezamos a vivir y tenerlo a él [José Ángel] y todo.

★   ★   ★

LAGARTILLO:
BALTAZARA PÉREZ OSORIO

November 10, 2002
Lagartillo

What do you remember of the 1980s, of the attack?

Of the attack, yes, that doesn't get erased from my mind. It's always there. And a certain part [of the 1980s] was difficult, a difficult life. Well, we, the children, went around being very afraid of the *contras.*

Aside from the war there were a lot of good things such as our studies. We were studying with a hope that we were going to continue to the end [the university].

Yes, there was a better economic situation in spite of the war; at least there was food to eat, right? And now it's a little more difficult for everyone to work. I'm an adult, but at times I feel like I'm still a child because I don't have work. That is hard.

And your studies?

Yes, I studied. When the revolution was going on I was still in my fourth year of secondary school. I was happy because I was going to go to the university, but that changed in 1990. Then the situation made me feel as though there was a wall, as if a wall had been built and we weren't going to have access to anything at all, nothing.... In reality, for me, my studies had been everything.

There was no longer a war but there was something more difficult.

10 de noviembre de 2002
Lagartillo

¿Qué recuerda de los ochenta, del ataque?

Lo del ataque, eso sí no se borra en mi mente. Siempre está. Y cierta parte [de los ochenta] era difícil, una vida difícil. Bueno, nosotros los niños teníamos que andar con mucho miedo de la contra.

Aparte de la guerra, había muchas cosas buenas, como el estudio. Estudiábamos con una esperanza de que íbamos a seguir hasta el final [la universidad].

Sí, había mejor situación económica aunque con la guerra, pero sí, había que comer, ¿verdad? Y ahora está un poquito difícil para trabajar para todos. Yo ya soy una adulta pero a veces siento que siempre soy una niña porque no tengo trabajo. Eso es difícil.

¿Y los estudios?

Sí, estudié. Cuando estaba en la revolución, yo estaba todavía en cuarto año de secundaria. Estaba como feliz porque iba a ir a la universidad y después, eso cambia en el noventa. Ya la situación entonces, yo sentía como que había un muro, como que se nos había hecho un muro, que no íbamos a tener acceso a nada, pero nada. [...] En realidad, para mí, mis estudios lo fueron todo.

What do we do? What does one do? And all our plans were shattered. And, well, then I had to quit my studies and I could no longer go to the university....

I've continued wanting to study, but for lack of money and because there's no work here, I left for Costa Rica. So in March of this year I went to Costa Rica and I was working there for seven months. I was taking care of children. The work was a little hard because I had to take care of children in the morning and later go to another place to take care of children in the afternoon. It's difficult, because one has one's own child, and to stop caring for him and to leave to take care of someone else's child [She had left her son in Nicaragua with her parents.—Ed.] . . . is very hard.

How did they treat you in Costa Rica?

Well, I went as a single woman. Of all the Nicaraguan women who go there I was one of those they treated exceptionally well. For me it went well in spite of having to work hard, right? But for sure, the treatment was excellent. I believe that of the thousands of women that go, there are few cases like mine, because I found good people.

Would you like to say something to the people of the United States?

Ya no había guerra pero era una cosa más difícil. ¿Qué hacemos? ¿Qué se hace? Y todos los planes se van abajo. Y bueno, entonces yo ya terminé con mis estudios y ya no pude ir a la universidad. [...]

Me he quedado con las ganas de seguir estudiando, pero por plata y porque acá no se encuentra trabajo, me fui a Costa Rica. Así que en marzo de este año me fui a Costa Rica y estuve trabajando allá siete meses. Estuve cuidando niños. Un poquito como duro el trabajo porque me tocaba cuidar niños en la mañana y después iba a otro lugar a cuidar niños en la tarde. Y es difícil porque uno tiene su hijo y deja de cuidar el de uno para ir a cuidar al de otro [Había dejado a su hijo en Nicaragua con los padres de ella.—n. del e.] [...] fue muy duro.

¿Cómo la trataron en Costa Rica?

Pues, yo fui soltera. De las nicas mujeres que nos vamos allá, fui de las que trataron mejor. Súper. Para mí, me fue bien, además que uno tiene que trabajar fuerte, ¿verdad? Pero sí, el trato fue buenísimo. Yo creo que de miles de mujeres que se van, son pocos los casos como el mío, que me encontré con gente buena.

¿Hay algo que quiera decir a la gente de los Estados Unidos?

I always wonder why they, the powerful ones, always want to put us down.... For me it's as if I were crippled.... Why don't they let us live our lives just as who we are without their having to go all over the place meddling where they shouldn't? Because now, if one protests, one is a terrorist.... That is what sticks in my mind, why are we the terrorists and they aren't?

Do you have hope that there will be changes with the government that you have now [the Liberal Constitutional Party, with Bolaños as president]?

I don't think so.... I believe that the people of Nicaragua feel things [are better] because there is no war but they don't realize that there is another type of war, that there is a great deal of misery and this is what the people don't take into account. The people just say, "There's more hunger," but they don't stop and think about why there is more hunger....

But there are many people who believe that it is enough not to have war, that it is the leftists who make war, and in the case of Nicaragua, for example, it's the Sandinistas who make war. And why do we want more Sandinistas when all it means is more war? They don't understand that others impose war.

★ ★ ★

Yo siempre me pregunto, ¿por qué ellos, los poderosos, siempre quieren vernos abajo? [...] Para mí, es como que yo estoy lisiada. [...] ¿Por qué no nos dejan vivir la vida como somos y no tener que andar allá metiéndose donde no deben meterse? Porque ahora si uno protesta uno es el terrorista. [...] Eso me ha quedado clavado a mí. ¿Por qué nosotros somos los terroristas y ellos no son los terroristas?

¿Tiene esperanza de que habrá cambios con el gobierno que tiene ahora [Partido Liberal Constitucionalista y el presidente Bolaños]?

Yo pienso que no. [...] Yo creo que el pueblo de Nicaragua siente que algo [es mejor], porque ya no hay una guerra, pero no se da cuenta que hay otro tipo de guerra, que hay un montón de miseria y eso no lo calcula la gente. La gente dice nada más: "Hay más hambre", pero no se pone a pensar por qué hay más hambre. [...]

Pero hay mucha gente que, con que no haiga guerra es suficiente y que la guerra la hace, digamos, la izquierda, que la guerra la hacían, por ejemplo los sandinistas en este caso de Nicaragua. ¿Para qué vienen más los sandinistas? Porque va a haber guerra. Ellos no saben que la guerra la imponen otros.

★ ★ ★

LAGARTILLO:
CONI PÉREZ PÉREZ

November 8, 2002
Lagartillo

What do you remember of the past, of the attack?

More than anything, well, above all I remember the attack. I remember everything very well, from when the *contras* arrived and how we left with my mother. We all left. We were the last ones to leave because she was carrying me. I was very small.... We were the last ones because my mother had both my brother and me with her.

Another sister had left earlier with the other people, as well as a brother, who is the oldest of the four of us that survived. He was the last one and was almost killed by a mortar, because the *contras* shot a mortar at him. It fell close to him. He was able to run, but he fainted on the trail. He was awakened by all the cows that escaped from the corral, since it was full of cattle. When the cows heard the shots, they escaped, breaking the corral, and when they were running down the trail, they woke him up. Therefore he was able to get up and run again and escape. My other brother, my mother, and I were able to escape, but as we were leaving, bullets were flying everywhere, close to us. We reached a place that was not very far from here. We got into a hole where my brother put on his shoes because he was barefoot, and then we took off and still we were able to catch up to some of the people....

After that we started to go down a trail that was very, very, very difficult. There were lots of rocks and things, and yes, I remember that my mother sat down at one place and said she was not going to go any farther. She said she was going back because she felt that my father and my sister were dead; she said that she was definitely going back.

Then some other women, one of them named Petrona, were saying, "No Tina, don't go back, don't go back. You have to believe that they are well and that's it." But no, my mother kept saying, "No, no, no, let's go, let's go back." When we arrived at Achuapa, my mother didn't want to go into town so she sat at a house outside of town, waiting.

Then when the first man, whose name was Chicho, arrived [from Lagartillo] my mother asked, "What happened, how are they?" He just said, "Zunilda and José Ángel are dead." That is all he said.

Besides those memories that I have, I also remember many things that the *contras* did, because at that time we went to live in Achuapa. We lived there for a year, in 1985.... Television was something very new for my cousins who were very young, still children.

8 de noviembre de 2002
Lagartillo

¿Qué recuerda del pasado, del ataque?

Más que todo recuerdo, bueno, sobre todo el ataque. Recuerdo muy bien todo, desde cuando la contra llegó, cómo salimos con mi mamá. Salimos todos. Fuimos las últimas que salimos porque ella me cargaba. Yo estaba muy chiquitita. [...] Fuimos los últimos, porque con mi mamá íbamos otro hermano y yo.

Otra hermana había salido adelante con la otra gente y un hermano que es el mayor, que quedó de los cuatro que estamos. Él fue el último que casi lo mata un mortero, porque la contra le tiró un mortero. Le cayó muy cerca. Él logró correr, pero en el camino se desmayó. A él lo despertaron todas las vacas que se escaparon del corral, porque el corral estaba lleno de ganado. Entonces al oír las balas, las vacas se escaparon, rompieron el corral y cuando iban corriendo, lo despertaron en el camino. Así pudo levantarse y correr otra vez y salir. Con mi otro hermano y mi mamá logramos salir, pero ya cuando salimos estaban las balas que cruzaban por todas partes cerca de nosotros. Llegamos a una parte que estaba aquí muy cerca. Entramos en un hoyo, mi hermano ahí se puso los zapatos porque iba descalzo y después de que salimos de ahí, todavía logramos alcanzar a alguna gente. [...]

Después de ahí comenzamos a bajar por un camino que es muy, muy, muy difícil de bajar. Hay muchas piedras y cosas y sí, recuerdo de que mi mamá se sentó en una parte y dijo que ya no caminaba más. Que se regresaba porque ella sentía de que mi papá y mi hermana habían muerto; ella decía que sí, que sí se regresaba.

Entonces comenzaron otras señoras, que era Petrona, una de ellas, y decían: "No Tina, no se regrese, no se regrese. Piense que ellos están bien y ya". Pero no, mi mamá siempre decía: "No, no, no, vamos, vamos [para atrás]". Cuando llegamos a Achuapa, mi mamá no quiso entrar al pueblo y ella se quedó sentada en una casa ahí afuera, esperando.

Ya cuando bajó de aquí [Lagartillo] un primer señor —que se llama Chicho— cuando mi mamá dijo: "¿Qué pasó, cómo están?" Él solamente dijo: "Zunilda y José Ángel están muertos". Fue todo lo que dijo.

Además de esos recuerdos que tengo, recuerdo muchas cosas de lo que hizo la contra, porque en ese tiempo nosotros nos fuimos a vivir a Achuapa. Vivimos un año, en el 85. [...] Para mis primas, muy jóvenes, muy niñas todavía, la televisión fue algo muy nuevo. Y además, era una manera de escapar

And besides, it was a way to escape from other thoughts. So every night we would watch television. Many times, however, they would announce, "Some more bodies are coming." They would come down from above, from the mountains, because the mountains were full of soldiers and *contras*. So they would say, "They brought more bodies down." Then my cousins would take me to see. Then I would see people who didn't have lips, who didn't have fingers, who were in pieces because they had been tortured and things like that.

Yes, well, it was like that in those years, in the 1980s; it was like that. We saw so many things, not only what happened here in Lagartillo, but things that happened nearby also. The *contras* also took away so many people and they never returned.

Can you forgive the contras?

No, I couldn't. Nor do I think I would be able to live with someone who I knew was with the *contras*. I couldn't.

You have traveled a lot; you've had the opportunity to leave the country. And now, what are the changes that you have seen from the 1980s up to now, in the last years?

I was in Switzerland.★ I spent a year, and these two countries are completely opposite. Beginning with the people: the people are a lot colder, harder, more reserved than here. Here we talk and laugh about everything, but over there it's not like that. And it is a country that's so rich, and this is a country that's so poor.

One of the things that really impressed me there when I arrived was seeing a freeway that, because there was not enough land below, was being built in the air, that went around the side of a mountain, and it was a huge freeway. So in kilometers, I don't know how many kilometers, but it was huge. Then I saw that and I realized, when Hurricane Mitch hit here in Achuapa there was a bridge no more than three meters long, four perhaps, and it took about two years to approve that project. The town was cut off, and then to construct it they took six, seven

de los otros pensamientos. Y todas las noches íbamos a ver televisión. Pero muchas veces decían: "Vinieron más muertos de aquí". Bajaban de arriba del cerro porque estaba todo lleno, allá en la cordillera, lleno de militares y de la contra. Entonces decían: "bajaron con más muertos". Entonces mis primos me llevaban a ver. Entonces yo miraba a personas que les faltaban los labios, que les faltaban los dedos, ya venían en pedazos donde los habían torturado y cosas así.

Sí, bueno, y fue todo así en esos años, en los años ochenta, fue todo así. Se miraron tantas cosas, no solamente lo que pasó aquí en Lagartillo, sino que pasaron tantas cosas cerca también. Tantas personas también que la contra se llevó y no regresaron más.

¿Puede usted perdonar a la contra?

No, yo no podría. Yo pienso de que tampoco yo podría convivir con alguien que yo sé que estuvo en la contra. Yo no podría.

Ha viajado mucho; ha tenido la oportunidad de salir del país. Y ahora, ¿cuáles son los cambios que ha visto de los ochenta hasta ahora, en los últimos años?

Estuve en Suiza.★ Pasé un año y son dos países completamente opuestos. Comenzando desde las personas: las personas son mucho más frías, más duras, más secas que aquí. Nosotros aquí hablamos y reímos por todo y allá no es así. Y es un país tan rico y éste es un país tan pobre.

Una de las cosas que a mí más me impresionó allá cuando yo llegué fue de que vi que hay una autopista que, como ya no hay tierra abajo, la hicieron en el aire, que va por la falda, así, de una montaña y es una autopista inmensa. De kilómetros, no sé de cuántos kilómetros, pero grandísima. Entonces, yo vi eso y me di cuenta de que cuando el huracán Mitch, aquí en Achuapa hay un puente que sólo tiene tres metros de largo, cuatro metros quizás, y para aprobar ese proyecto se tardaron como dos años. El pueblo estaba incomunicado y luego para construirlo se tardaron como seis, siete meses, si no fue un año. No sé cuánto. Entonces,

[2002]
Children of Lagartillo.

Niños de Lagartillo.

★ Coni's godfather, Mauricio Demierre, a Swiss agronomist, died on February 16, 1986, at the age of twenty-nine, in a *contra* ambush near Somotillo. He was volunteering with a Christian organization, "Brothers Without Borders." Chantal, Mauricio's wife, remains close to Coni and her family.

★ El padrino de Coni, Mauricio Demierre, un agrónomo suizo, murió el 16 de febrero de 1986, a la edad de veintinueve años, en una emboscada contra cerca de Somotillo. Era voluntario con el organismo cristiano, "Hermanos Sin Fronteras". Chantal, la esposa de Mauricio, sigue cercana a Coni y su familia.

months, if it wasn't a year. I don't know how long. Then to think that there they have so much money, so many machines to build things that are not necessary simply because they felt like building a freeway in the air because they had run out of space below. That was a tremendous shock.

Another thing that I noticed is the youth, the young people—almost all of them, not all—have never lacked anything since they were born. They have everything there, the car that takes them to school, they have absolutely everything. Therefore, since they have their good life, nothing else is important, nothing beyond themselves. When I would tell them what Nicaragua was like, that in Nicaragua there wasn't electricity everywhere, that in Nicaragua I had to carry water, that I had to do so many things, they were shocked, like they were listening to a prehistoric story, completely ancient.

And then I realize they don't know so many things. For example, when I rode a train, I noticed all the young people, even though they were friends, didn't talk to each other. Each one would pull out her cell phone and would use the telephone to talk to other people, even though they were right there with a group of friends. So, there were many things like this that shocked me a lot. . . .

pensar que allá tienen tanta plata, tanta máquina para construir cosas que no son necesarias simplemente porque se les dio el placer de construir una autopista en el aire, porque ya no tenían espacio abajo. Eso fue así como un choque tremendo.

Otra cosa en que me fijé, la juventud, los jóvenes, casi la mayoría, porque no todos, pero como que no tienen una necesidad desde que nacen. Tienen todo ahí, el carro que los lleva a la escuela, tienen todo, todo. Entonces como que ya tienen su vida bien y no les importó más, qué pasó más allá. Cuando yo hablaba como era Nicaragua, que en Nicaragua no había energía eléctrica en todas partes, que en Nicaragua tenía que ir a traer el agua a otro lugar, que tenía que hacer tantas cosas, ellos se quedaban asustados, como que estaban escuchando una historia primitiva, pero completamente antigua.

Y entonces me doy cuenta de que no saben tantas cosas. Por ejemplo, desde que yo me subí a un tren, ya todos los jóvenes, aunque fuesen amigos, no hablaban entre ellos. Cada uno sacaba su teléfono portátil y comenzaba a hacer cosas en sus teléfonos, a hablar con otras personas, aunque fuese con su grupo de amigos allí cerca. Entonces fueron muchas cosas así que me chocaron un montón. [...]

The 1980s were difficult because of the war. But still, we had a revolutionary spark that was always alive: to act for ourselves, to fight for ourselves, to make our culture alive, to continue living although we suffered a great deal. And then it was terrible in 1990. Although, yes, the war had ended, an economic crisis began. Now the people aren't dying because of the war but because of hunger.

And another thing, in the 1980s the literacy rate had risen to 80 percent, 87 percent. There were hardly any illiterate people, and now the illiteracy rate is beginning to rise again because the economic crisis is so difficult. The schools require uniforms, require shoes, everything. Everyone has to buy them, and then the student who comes to school without a uniform is sent home. So the parents say, "No, I don't have any money to buy that, therefore my child is going to work." And so it's beginning again, that a huge number of people are not going to school.

Is there something you would like to say to the people of the United States?

The intervention of the United States is terrible because many times I think they make war just to get richer, they make war to sell their weapons. In addition, they aren't thinking of the damage

Los años ochenta fueron difíciles por la guerra. Pero además teníamos una chispa siempre viva de revolución: de hacer, de luchar por nosotros mismos, por hacer vivir una cultura, por vivir nosotros mismos aunque hubiésemos sufrido un montón. Y luego fue terrible cuando ya en el noventa, porque sí terminó la guerra, pero comenzó una crisis económica. Ya la gente no muere por la guerra pero muere de hambre.

Y otra cosa, en los años ochenta la alfabetización había crecido a un 80 por ciento, un 87 por ciento. Casi no había analfabetos y ahora el analfabetismo comienza a crecer otra vez porque la crisis económica está tan dura. Y en los colegios exigen el uniforme, exigen los zapatos y todo. Todo se tiene que comprar, entonces el alumno que no llega con uniforme no lo aceptan en clase. Y entonces los papás dicen: "No, no tengo con qué comprar eso, entonces mi hijo va a trabajar". Y ya entonces ahora comienzan otra vez, un montón de gente que no va a la escuela.

¿Hay algo que le quiere decir a la gente de los Estados Unidos?

Es terrible la intervención estadounidense porque pienso de que tantas veces hacen la guerra por enriquecerse más, porque hacen la guerra para vender sus armas. Además no están pensando en el

they are doing to so many people. It is terrible to think that in a country like the United States, for example, the young people who live there don't know anything about what their own country does in other countries.... That is terrible, because the young people grow up thinking that their country is perfect.

I remember when I was a child, I was three, four, no, about five years old, more or less, when a person came here from the U.S. His name was Daniel. After my father died I was always very attached to men because I missed him. After my father it was my godfather, the Swiss man, but then the *contras* killed him also. So that time when Daniel came here I always wanted to be with him, talk to him, things like that.... So he was walking near here with me on his shoulders and all of a sudden I said to him, "Daniel, why did the U.S. have my father, my sister, and my godfather killed? And why don't you tell them not to do that anymore?" He didn't say a single word, nothing, nothing, nothing. Later he said to my mother, "She asked me that, and I didn't know how to answer."

[2010 update: Coni lives in Italy and is happily married with two children.—Ed.]

★   ★   ★

daño que les están haciendo a tantas gentes. Es terrible pensar de que en un país así, por ejemplo, en los Estados Unidos, los mismos jóvenes que viven en ese país no saben nada de lo que su país hace a otros países. [...] Eso es terrible porque los jóvenes van creciendo y ya piensan que su país es perfecto.

Recuerdo cuando yo era niña, tenía unos tres, cuatro, no, como cinco años más o menos, llegó acá un estadounidense. Él se llamaba Daniel. Después que mi papá murió yo siempre era muy apegada a los hombres porque yo sentía la falta de él. Entonces después de mi papá, fui con mi padrino el suizo, pero luego a él también lo mató la contra. Entonces esa vez, cuando Daniel vino aquí, yo siempre quería estar con él, quería hablar con él, cosas así. [...] Entonces él estaba caminando por acá cerca y conmigo en su espalda y de repente yo le dije: "¿Daniel, por qué los EE.UU. mandaron a matar a mi papá, a mi hermana y a mi padrino? ¿Y por qué vos no le decís que no hagan eso?" Y él no dijo ni una palabra, nada, nada, nada. Más tarde, le dijo él a mi mamá: "Ella me dijo eso, y yo no supe qué contestar".

[Actualización de 2010: Coni vive en Italia y está felizmente casada y con dos hijos.—n. del e.]

★   ★   ★

TOMÁS RAMÓN ALVARADO HERNÁNDEZ

December 5, 2002
Managua

We would like you to tell us something about your life.

I am thirty-seven years old, born in Granada, and have spent exactly nineteen years in the wheelchair. I was seventeen when the military activity of that time [1984] put me in a wheelchair.

Around this time, in 1990 when you took this photo [page 60], I had only been in the wheelchair a short time, about six years, and in those times, just like the other people here [in the photo], we were privileged by the government's policies. In the eighties, the wheelchair, absolutely everything—all the healthcare, the transportation—we didn't have to worry, nor did our families. We didn't pay for water, we didn't pay for electricity, and if we did pay it was subsidized.... In those times we were cool, heroes, and we were willing to participate in politics.... When we lost the elections [in 1990], that was very painful for us because, in one way or another, we had centered our hopes on a change for the majority, and for that reason we had participated in the revolutionary struggle, in defense of the revolution.

And so then each one of us had to, as we say, hang on by his own fingernails, that is, take on his prob-

5 de diciembre de 2002
Managua

Quisiéramos que nos dijera algo de su vida.

Tengo treinta y siete años, nací en Granada, tengo exactamente diecinueve años de estar en silla de ruedas. Tenía diecisiete años cuando quedé en silla de ruedas en las actividades militares de aquel entonces [1984].

Para esta fecha, en el noventa cuando sacó esta foto [página 60], ya tenía poco de estar en silla de ruedas, como seis años, y al igual que otros que están aquí [en la foto], en aquel entonces nosotros éramos privilegiados por la política del gobierno. En los ochenta, la silla de ruedas, todo, todo, todo, la salud, el transporte, no teníamos que estar preocupándonos, ni nosotros ni la familia. No pagábamos agua, no pagábamos luz, y si pagábamos era subsidiado. [...] En aquel tiempo fuimos buena onda, héroes, y estábamos dispuestos a la política. [...] Cuando perdimos las elecciones [en 1990], eso fue algo muy doloroso para nosotros porque, de una u otra forma, habíamos centrado nuestras esperanzas de un cambio para la mayoría y por eso habíamos participado en la lucha revolucionaria, en la defensa de la revolución.

Y ya después cada quien tuvo que, como decimos nosotros, rascarse con sus propias uñas, o sea, asumir sus problemas de manera

lems individually. So for everyone, "it was your problem, not my problem" and an individualism was emerging.

Now it is to our advantage—and more so in the decade that began in 1990—not to say you were a victim of the war because as soon as you arrived to request a service from an institution, and you identified yourself as a victim of the war, they would ask you, "From where, the resistance [*contras*] or the army?" Then if you identified yourself as such [Sandinista], you already knew you had less chance of resolving your problem. That happened and still happens in some institutions....

Let's say something positive: we also have some good levels of organization, not excellent, but good, in Managua and in Nicaragua.... Now there are organizations, as in sports, that have specific goals of using sports as a means of recreation, of education, and of relaxation in order to develop positive values in people with disabilities.

When did you join the army? Do you remember what happened when you were wounded?

Since '79, even before the revolution was won in '79, I was already involved. I was barely fourteen years old when I had to flee on several occasions with my father

individual porque ya todo el mundo, pues: "era su problema, no era mi problema" y se fue creando un individualismo.

Te conviene en este momento —y más nos convino a nosotros en la década en el inicio de los noventa— mejor ni digas ni que eras víctima de la guerra porque si en el momento que uno llegaba a pedir un servicio a una institución y te identificabas como una víctima de la guerra, entonces te decían: "¿De dónde, de la resistencia [la contra] o del ejército?" Entonces si te identificabas como tal [sandinista], ya sabías que llevabas menos probabilidad de resolver tu problema. Eso pasó y pasa todavía en algunas instituciones. [...]

Digamos algo positivo; también nosotros tenemos unos niveles de organización buenos, no excelentes, pero buenos en Managua, en Nicaragua. [...] Ahora hay asociaciones, como decir, la de deportes que tienen sus tareas específicas que utilizan el deporte como un medio de recreación, de educación y de esparcimiento para denotar valores positivos en las personas con discapacidades.

¿Cuándo ingresó en el servicio militar? ¿Recuerda lo que sucedió cuando fue herido?

Desde el setenta y nueve, desde antes que se ganara la revolución en el setenta y nueve ya estaba involucrado. Tenía apenas catorce años y a mí me

because of the Guard, the [National] Guard of Somoza. When they entered the town they carried out operations that they called "cleanup operations." For them, the young people as well as the adults were always potential insurrectionists. That is the way they looked at us.

Then came the triumph of the revolution. After that I joined the Literacy Crusade.... I had only been in urban areas, I'd never been into the interior. So, when I arrived in the interior of the country, I witnessed the whole experience of the farmer. I enjoyed harvesting corn, planting, carrying water and, well, teaching them to read. I taught reading and was proud to teach around twelve *campesinos* how to read, and they were my brothers, they were my friends. And I was fifteen years old, so the older people called me "the little boy" and I was teaching them.

In '83 and '84 I went into the mountains as a platoon leader. I was seventeen years old then.... The military draft was officially initiated but was not yet underway.

That's when they messed me up. I took my last steps in Quilalí at ten thirty in the morning. It was the thirty-first of July. I remember that I was listening to the radio at dawn, to the vigil of Saint Domingo, when the combat started around seven o'clock. Around ten in the morning they [the *contras*] didn't

tocó huir con mi padre en varias ocasiones, producto de la Guardia, la Guardia de Somoza. Cuando ésta entraba al pueblo hacía operaciones que ellos denominaban "operaciones limpieza". Siempre la gente joven e igualmente los adultos eran un potencial insurreccional para ellos. Ellos nos miraban de esa forma.

Entonces, se dio el triunfo de la revolución. Después pasé y formé parte de la Campaña de Alfabetización. [...] Yo había estado solamente en el casco urbano, nunca había ido al interior del país. Entonces cuando yo llegué al interior del país, yo miré toda la vivencia del campesino. Me gustó andar tapiscando [cosechando maíz], andar sembrando, andar jalando [llevando] agua y enseñándoles a leer, pues. Yo enseñé a leer y con orgullo les enseñé a leer como a doce campesinos y eran mis bróderes [hermanos], eran mis amigos. Y eran quince años los que tenía yo, entonces la gente mayor me decía "el chavalito", y yo les estaba enseñando a ellos.

En el ochenta y tres y ochenta y cuatro yo pasé en la montaña como jefe de pelotón. Ya tenía diecisiete años. [...] Estaba empezando la ley del servicio militar [obligatorio] aquí pero todavía no había empezado a andar.

Entonces a mí me fregaron [fastidiaron]. Mis últimos pasos, yo los di en Quilalí a las diez y media de la mañana. Fue el 31 de julio. Me acuerdo que estaba oyendo en el radio la vela de Santo Domingo en la

have control of the position, so what they did was retreat—though they retreated not as if it was over, but in combat.

I just heard a noise as if a grenade was coming, then when I hear it explode I feel absolutely nothing. The only thing I feel is that it lifts me and when I fall, I want to get up, but I can't get up any more. That is, it's like you want to get up out of that chair and you send orders to your feet and you can't get up and you don't even have your weapon, you don't have anything and you see yourself covered with blood. So I say, "They messed me up, they screwed me up."

The thing is: what about when the *guardia* [*contras*] come back, right? So my friends, my brothers, what they do is leave me covered with leaves, with branches and a "Stay quiet." But, in truth, what was I to do? I felt like I was suffocating, like when you get tired. And I had seen that suffocation in other brothers when they were going to die. Then I start to think about my mother, how is she going to get here to carry me out? I'm going to go, I'm going and I want to pray and I'm going to pray before I die. I can't even remember the Lord's Prayer and so I say, "No, this is hypocrisy, searching for God only when you are dying." So then I lay there with an overwhelming calmness. . . .

madrugada, cuando empezó el combate como a las siete de la mañana. Como a las diez de la mañana ellos [la contra] no tenían control de la posición, entonces lo que hicieron fue retirarse, pero retirarse no como si acabó sino en combate.

Yo solamente oí un ruido, así como que venía una granada, entonces cuando yo siento que explota, yo no siento absolutamente nada. Yo lo único que siento es que me levanta y fue cuando caigo, yo me quiero levantar, yo ya no me puedo levantar. O sea, es como que te quieras levantar de esa silla y vos mandás tus órdenes a tus pies y no te podés levantar y no tenés ni el arma, no tenés nada, te mirás todo lleno de sangre. Entonces digo, "Me verguearon, me jodieron".

La onda es cuando la guardia [la contra] regrese de vuelta, ¿verdad? Entonces mis amigos, mis bróderes, lo que hacen es dejarme tapadito con hojas, con ramas y un "cálláte". Pero yo en realidad, ¿que iba a hacer? Yo sentía una asfixia como cuando uno llega cansado. Y yo había visto esa asfixia en los otros bróderes cuando se van a morir. Entonces me pongo a pensar en mi mamá, ¿cómo va a hacer mi mamá para venirme a sacar hasta aquí? Me voy a ir, me voy a ir y yo quiero rezar y yo voy a rezar antes de que me palme. Yo no me sabía ni el Padre Nuestro y yo, pues, digo: "No, esto es hipocresía de estar buscando a Dios solamente cuando uno se va a ir". Entonces me quedé

Later I sensed that my own friends had arrived. "Here is 'Tomboy'"—that's what they called me, "Tomboy." So one of them grabs me like this—I was face down—and he puts his boot here, and he turns me over. "This guy is made of *cacao* [blown to bits]." I can hear but I don't even have the strength to talk. Then I hear someone say, "No, man, he's alive, he's breathing." Then they start to carry me and take me out of the mountains.

When they got to a certain place I was convulsing. I know that because they told me that I had lost control. Then they told me they found a farmer who was a *contra* collaborator—because we knew who their collaborators were—then he spits on me. The *contra* spat on me, so they shouted at him, "Why did you spit on him?" "It's because I have a pregnant wife and when you have a pregnant wife, it's bad luck to look at blood." . . . They grabbed him and made him carry me. So he carried me to the main trail, and around three in the afternoon the boys succeeded in getting me out.

How many died there? Around eight *compañeros*.[★] Bayardo, Uvaldo, several died. . . . When I was in the hospital . . . I was in a coma. . . . I had twenty-seven pieces of shrapnel from my head to toe. My father says to me, "I thought you were going to die."

con una calma rica. [...]

Después yo sentí que mis propios amigos ya después llegaron. "Aquí está *Tomboy*" —a mí me decían, *Tomboy*. Entonces uno me agarró así —yo estaba boca para abajo— y me metió la bota aquí y me dio vuelta. "Este maje [tipo] está hecho de cacao [desbaratado]". Yo estoy oyendo, pero yo no tengo ni siquiera la fuerza de hablar. Entonces oí decir: "No, hombre, está vivo, está respirando". Entonces mis amigos comenzaron a cargarme y a sacarme de la montaña.

Cuando venían en cierta parte, yo venía convulsionando y eso porque ellos me lo cuentan, en esto yo no tengo control. Entonces dicen que hallaron a un campesino que era colaborador de la contra —porque nosotros conocíamos quien era colaborador de ellos— entonces él me escupió. El contra me escupió, entonces aquellos lo agredieron, "¿Y por qué le escupió?" "Es que yo tengo a mi mujer embarazada, y cuando uno tiene a su mujer embarazada y mira sangre, es mala suerte". [...] Lo agarraron y lo obligaron a cargarme. Entonces él me sacó hasta la trocha [sendero ancho] y los muchachos, como a las tres de la tarde, ya lograron sacarme del lugar.

¿Cuántos murieron ahí?, como ocho compañeros.[★] Bayardo, Uvaldo, varios murieron. [...] Cuando yo estaba en el hospital [...] yo estaba en coma. [...] Yo tenía veintisiete charneles [metralla] desde la cabeza hasta el talón. Mi papá me dice:

[★] Sandinista term for fellow soldier or a companion in the revolutionary process, sometimes shortened to *compa*.

[★] Término sandinista para referirse a otro soldado o a alguien en el proceso revolucionario, frecuentemente abreviado como "compa".

What are your thoughts about the current U.S. political intervention?

It's everywhere, not just in Nicaragua. It's logical this would happen after we lost the elections [in 1990]. It would have been contradictory to have had a political and ideological intervention in those times [the eighties]. In some ways it did happen in terms of the media, but not directly through Congress, through Parliament, through the executive branch like is happening here now. It's unacceptable and to a certain point, offensive. And it's always been like that. That was always expected. Those governments from Doña Violeta to the present [with Bolaños] are governments that are always going to bow their heads to the U.S. But it's always been like that and, look, not only in Nicaragua; it happens in Guatemala, in El Salvador, in Honduras.

We continue being Sandinistas because we say we are Sandinistas for Sandino, not for the structures of the Frente [FSLN] or for whomever is in the Frente, but rather for the principles—for the anti-interventionism, the nationalism, the anti-imperialism of Sandino.

So I say that perhaps destiny wanted us to be in this type of work in order to be at the forefront of these problems. For that reason I say I'm never going to regret having ended up like I am. Cry? No, no

"Yo creí que ibas a morir".

¿Cuáles son sus pensamientos sobre la actual intervención política de los EE.UU.?

Está donde sea, no solamente en Nicaragua. Lógicamente esto se iba a dar después de que perdimos las elecciones [en 1990]. Hubiera sido contradictorio que hubiera una intervención política e ideológica en aquel entonces [los ochenta]. De alguna forma se daba a través de los medios, pero no así directamente a través del Congreso, a través del Parlamento, a través del Ejecutivo, como se está dando ahora aquí. Es desagradable y hasta cierto punto incómodo. Y siempre ha sido así. Siempre se esperaba eso. Esos gobiernos de Doña Violeta para acá [con Bolaños] son gobiernos que siempre le van a bajar la cabeza a los Estados Unidos. Pero, siempre se da eso y ¡ojo!, que no solamente en Nicaragua; se da en Guatemala, se da en El Salvador, se da en Honduras.

Seguimos siendo sandinistas porque decimos que somos sandinistas por Sandino, no por las estructuras del Frente [FSLN], ni quien esté en el Frente sino por los principios —por el anti-intervencionismo, el nacionalismo, el anti-imperialismo de Sandino.

Entonces yo digo, tal vez el destino quería que nosotros estuviéramos en esta área de trabajo al frente de estos problemas. Por eso digo que

man, to cry is a negative attitude in life. What is left for you to do is turn the chair around and think about how to move forward, first how to get out of bed, then how to leave the house, then how to go out into the street, and then how to work. But if you just sit around thinking some good Samaritan will solve my problems, no.

In 1986 I lost my brother who was in the military service and that, perhaps, has been one of the most difficult moments in my life. Whether we want it or not, my mother is also a victim because she has lost two sons—almost. Or that is, I think that a mother wants to see her children grow, she wants to see them fulfilled.

The hard part is that my brother didn't want to go into the army. It's not important that I ended up in a wheelchair, because I wanted to be there, but my brother didn't want to go. And the most painful part is that my brother, along with my mother, asked me to help him get out [of the army] and I, because of my principles and convictions [didn't do it]. My brother did not want to go, much less did my mother want him to go. What mother is going to want her son to risk his life?

After all these years I continue missing my brother, with that remorse that I believe I will always have.

★   ★   ★

yo nunca me voy a arrepentir de haber quedado como estoy. ¿Llorar? No, no hombre, llorar es una actitud negativa para la vida. Lo que le queda a uno es darle vuelta a la silla y pensar cómo avanzar, primero cómo salir de la cama, después cómo salir de la casa, y después cómo ir a la calle, y después cómo trabajar. Pero si uno se queda así pensando cómo un buen samaritano que me va a resolver mis problemas, no.

Ya en el 86 yo pierdo a mi hermano en el servicio militar y eso tal vez ha sido parte de los momentos más duros en mi vida. Querámoslo no, mi mamá también es una víctima porque ha perdido dos hijos —casi. O sea, pienso yo que una madre quiere ver crecer a sus hijos, quiere verlos realizados.

Lo duro es que mi hermano no quería ir al servicio. No importa que yo me haya quedado en silla de ruedas porque yo quería andar allí, pero mi hermano no quería ir. Y lo más doloroso, mi hermano me pidió, con mi mamá, que yo le ayudara a sacar a mi hermano [del ejército] y yo, por mis principios y mis convicciones [no lo hice]. Mi hermano no quería, mucho menos mi mamá. ¿Qué madre va a querer que su hijo vaya a exponer la vida?

Después de tantos años yo sigo echando de menos a mi hermano, con ese remordimiento y creo que lo voy a tener siempre.

★   ★   ★

JUANA HERNÁNDEZ HERNÁNDEZ

November 27, 2002
Condega

What happened that morning when the contras came to your house?

When they tossed a grenade in the doorway, we ran outside. I left the best I could. The children left ahead of me and then I left with the baby [five-month-old Juanita]. We crossed the river and got to my aunt's house. We didn't hear shouts, just bullets. And, you know, there were some guitars there in my house. There were two guitars that the boy [my son] had.... You could hear the guitars well. They [the *contras*] began to sing, singing victory songs.

And your husband and son?

They opened up [my husband] here with a bayonet. It looks like they took out his heart, all of that, the tongue, they took out everything. They left him like that. It looks like they didn't shoot bullets, no, just with the bayonets. But our son, yes, they shot our son in the leg. Well, they broke his leg there, but he was able to drag himself to a place where they saw he was still alive. Then they finished him off.

This happened many years ago. Have you been able to leave it behind?

That's something you don't forget;

27 de noviembre de 2002
Condega

¿Qué pasó esa madrugada cuando la contra vino a su casa?

Cuando aventaron una granada ahí en la puerta, nosotros salimos corriendo. Yo salí como pude. Los chavalitos salieron adelante y más detrás salí yo con la niña [Juanita de cinco meses]. Pasamos el río y llegamos a la casa de una tía mía. Ya no oíamos gritos, sólo balas. Y fíjese que había unas guitarras allí en mi casa. Había dos guitarras que el chavalo [mi hijo] tenía. [...] Se oían bien las guitarras. Se pusieron [los contras] a cantar, cantando victoria.

¿Y su marido e hijo?

A él [mi esposo] con bayoneta lo abrieron aquí. Parece que le sacaron el corazón, todo eso, la lengua, todo eso le sacaron. Le dejaron de viaje así. Parece que a él no le volaron balas, no, sólo fue con bayonetas. Al chavalo sí, al chavalo le aventaron el balazo por la canilla. Bueno, allí le quebraron la canillita, así como pudo se fue arrastradito, y llegó así por donde estaba y entonces allí lo miraron que estaba vivo. Entonces lo terminaron.

Hace muchos años que sucedió esto. ¿Ha podido dejarlo atrás?

Eso no se olvida, es difícil.

it's difficult. Or rather, it's something that you try to forget, but you don't forget. It's impossible, isn't it? For example, the anniversary is coming soon and it will be seventeen years in December. That day is very hard for me because one remembers.

Can you forgive the perpetrators?

Yes, you should always forgive no matter what; you don't accomplish anything with vengeance, do you? You shouldn't go around with hatred.... At times, you can't do it—it's difficult. But let me tell you, at that time, the mother of that kid who was there [with the *contras* that attacked us] wouldn't talk to me. I would run into her in the streets and she wouldn't even say hello. But later she spoke to me. She said hello. She changed, but he never did.

★ ★ ★

O sea, es una cosa que una trata de olvidar así, pero no se olvida. Es mentira, ¿sí? Por ejemplo, ahora que ya viene el aniversario, que van hacer diecisiete años en diciembre. Ese día para mí es bien duro porque uno recuerda.

¿Puede usted perdonar a los responsables?

Sí, sí siempre hay que perdonar de todas maneras, uno no hace nada con vengarse, ¿verdad? No le hace andar con odio. [...] No se puede a veces —es difícil. Pero fíjese que en ese tiempo, la mamá de ese chavalo que ahí estaba [con la contra que nos atacó], a mí no me hablaba. Yo me encontraba a la mamá en las calles, ni adiós me decía. Pero ya en después, me habló ella. Adiós me decía. Ella cambió, pero él no.

★ ★ ★

MAURICIO MATUTE HERNÁNDEZ

November 27, 2002
Condega

You were only fourteen years old at the time of the attack. What do you remember about it?

I remember that I ran and that I only had blue pants on. I wasn't wearing shoes or shirt and, well,

27 de noviembre de 2002
Condega

Sólo tenía catorce años al momento del ataque. ¿Qué recuerda de ello?

Yo recuerdo que yo me corrí y sólo andaba con un pantalón azul. Andaba sin zapatos y sin camisa y, bueno, cada quien

we each ran in different directions.... There were people there [with the *contras*] who were family, we were cousins. There was a boy that had the same last name of Matute, we were first cousins. That day he was with them.... I don't feel any great hatred for them. In reality it is because I know that the Lord has given me strength and has given me a new life.

How is your life now?

Well, now, the most difficult thing to deal with is the economy. There is no work and if there is work, well, it's not enough to buy the things that you need. And if you go to a hospital there's no medicine, only medicine to buy. [This is] a policy that is against the poor. I remember when you needed something in the hospitals, the medicine was free.... Also the education was free and now you always have to pay for everything. If you go to this health center that we have here, the most they will give you are the [written] prescriptions so you have to go look for the medicine in the pharmacy. There's medicine and the bill. We are at peace, there's no war, and we have good relations with the U.S., but the medicine is only in the private clinics.... The governments that have come to power

se corrió por su lado. [...] Ahí andaba gente [con la contra] que era familia, éramos primos. Andaba un muchacho que era también de apellido Matute, éramos primos hermanos. Ese día él se fue con ellos. [...] Yo no siento un gran odio por ellos. En realidad es porque yo sé que el Señor me ha fortalecido y me ha dado una nueva vida.

¿Cómo es su vida ahora?

Bueno, ahora el punto más difícil que tenemos es lo económico. No hay trabajo y si hay trabajo, pues, no ajusta para comprar las cosas que se necesita. Y si va a un hospital no hay medicina, solamente comprada. [Es] una política que está en contra de los pobres. Yo recuerdo cuando se la quería en los hospitales, la medicina era gratis. [...] También la educación era gratuita y ahorita siempre hay que pagar para todo. Si va a este centro de salud que hay aquí, lo más que le dan son las recetas para que las vaya a buscar a la farmacia. Hay medicina y la cuenta. Estamos en paz, no hay guerra y buenas relaciones con los EE.UU., pero la medicina está solamente en las clínicas privadas. [...] Los gobiernos que han entrado no se preocu-

don't worry about that part. They don't worry about what is happening to the poor.

★ ★ ★

pan de esa parte. No se preocupan por lo que les está sucediendo a los pobres.

★ ★ ★

Eleuterio Matute, Juana's husband and Mauricio's father, as a young man. An old photo from her small box of family mementos.

Eleuterio Matute, marido de Juana y padre de Mauricio, cuando joven. Una foto antigua de su cajita de recuerdos familiares.

ROSITA DAVIS ZENÓN *

May 5, 2005
Orinoco, Pearl Lagoon

Were you born here in Orinoco?

Born right here in Orinoco, very beautiful Garífuna community. I was raised with my grand-parents—grandmother and grandfather—right here, yes.

What do you remember about the war in the eighties?

I can't forget the war. I cannot.... They [the *contras*] didn't touch here, not much. They wanted to come here, but the boys, they tried to hold against it; the community tried to hold against them.... But if the boys didn't hold a gun against the *contras*, then they would have come in here and did just like they feel like. They were doing that in other communities.... Why you [the *contras*] come into our own Orinoco community? You should look for war somewhere in the top, maybe a bank, you know, an *empresa* [business] or something like that. But it was just in the communities, Nicaraguans against Nicaraguans. It was very rough.

Did the young men of Orinoco join the contras?

They [the boys in Orinoco] understand different. They tried to understand what it is that I'm [the boys] going to fight for in the bush. Why am I going there into the bush? They decide to stay. They decide to stay and if they fight, to fight to defend the old people, the children and others rather than to go in the bush to fight against the children and the old people.

Do you feel anger at the U.S. for sending the weapons?

Getting aid from the U.S. Army—the arms and the bullets and things like that—they [the *contras*] got everything. They [the U.S.] didn't send down their soldiers, but they send down the arms and the money. "Nicaragua, you can stay there and fight against your own self."

★   ★   ★

5 de mayo de 2005
Orinoco, Laguna de Perlas

¿Nació usted aquí en Orinoco?

Nacida precisamente aquí en Orinoco, la muy bella comunidad garífuna. Fui criada por mis abuelos —abuela y abuelo— justo aquí, sí.

¿Qué recuerda de la guerra en los ochenta?

No puedo olvidar la guerra, no puedo. [...] Ellos [los contras] no tocaron aquí, no mucho. Querían venir aquí, pero los muchachos trataron de mantenerlos alejados, la comunidad trató de mantenerlos alejados. [...] Pero si los mucha-chos no les hubieran apuntado un fusil a los contras, entonces ellos habrían venido aquí y hecho lo que quieren. Eso es lo que estaban haciendo en otras comu-nidades. [...] ¿Por qué ustedes [los contras] vienen a nuestra propia comunidad de Orinoco? Ustedes deberían buscar la guerra allá arriba, quizás un banco, ya saben, una empresa o algo así. Pero sólo fue en las comunidades, nicaragüenses contra nicaragüenses. Fue muy duro.

¿Se unieron los jóvenes de Orinoco a la contra?

Ellos [los muchachos en Orinoco] comprenden de manera diferente. Trataron de comprender, ¿Por qué yo [los muchachos] iría a pelear en el monte? ¿Por qué voy allí al monte? Ellos deciden quedarse. Ellos deciden quedarse y si pelean, pelean para defender a los viejos, a los niños y a otros en vez de irse al monte para pelear en contra de los niños y de los viejos.

¿Tiene rabia en contra de los EE.UU. por mandar las armas?

El recibir apoyo del ejército de los EE.UU. —las armas y las balas y cosas así— ellos [los contras] recibieron de todo. No enviaron [los EE.UU.] a sus soldados, pero mandaron las armas y el dinero. "Nicaragua, puedes quedarte ahí y pelear en contra de ti misma".

★   ★   ★

[1987]
Fishing in Orinoco.
Pearl Lagoon,
Caribbean Coast.

*Pescando en Orinoco.
Laguna de Perlas,
Costa Caribe.*

★ Testimony given in English.

★ Nos dio el testimonio en inglés.

RUBY TEMPLE ANTONI*

May 13, 2005
Managua

I was sitting in the veranda of the boat, outside . . . and it wasn't a couple minutes, brother, when we heard the shooting, my brother. . . . I wanted to move. I had a young girl of eight years under my arms. Here she had me hold her. I just begun to pray and I says, "Lord, help us," and the Lord says, "Don't you move. You put your hand up in the air and you pray until you get to Bluefields." And I put my hand up, brother, and that little girl, she had about eight years and she keep under my arms and she keep right there and she was a help to me, to help bear up my weight, brother, and my hand in the air. . . . Those bullets passing my mouth, they passing my eyes, my eyes closed, brother, but I kept seeing light flashing, flashing and so that when my hand feeled heavy I would hold it this way and when I do that only the shells of the bullets they are dropping down on the ground.

★   ★   ★

13 de mayo de 2005
Managua

Yo estaba sentada en la cubierta del bote, afuera [...] y no habían pasado dos minutos, hermano, cuando escuchamos los disparos, mi hermano. [...] Yo quería moverme. Tenía una niña de ocho años bajo mis brazos. Entonces ella me pidió que la abrazara. Sólo comencé a orar y digo: "Señor, ayúdanos", y el Señor dice: "No te muevas. Alza tu mano al aire y ora hasta llegar a Bluefields". Y me alcé la mano, hermano, y esa niñita de como ocho años se quedó bajo mis brazos y se mantuvo allí y me ayudó a sobrellevar mi peso, hermano, y mi mano en el aire. [...] Aquellas balas pasando mi boca, pasando mis ojos, mis ojos cerrados, hermano, pero yo seguía viendo luces brillar, brillando y cuando mi mano se sintió pesada, yo la puse así y entonces cuando hago eso, solamente los cartuchos de las balas caen al suelo.

★   ★   ★

JAMILETH CHAVARRÍA MENDIETA

December 31, 2002
Bocana de Paiwas

I come from a farming family, where my father worked for a rich man. He was a peon. My mother was a woman who did laundry for others, who baked goods to sell and that's how we grew up. . . . I began to sell when I was seven.

They put us in school during the government of Somoza. I was just sitting in, I was very little. I would attend and it was difficult because there was no free education. So parents had to make an effort to send the children to school. . . .

Afterwards, with the triumph of the revolution, I went to classes because they were free. They even visited the parents so they would send their children to class and so the parents would study to become literate. My father learned to read and write, obtained a high school degree in the adult school, and my mother did also. . . .

My mother began to organize with the women. . . . The women were advancing and they organized the [sewing and baking] cooperatives. . . . She began to organize the women in a more formal way. She was working in a store that they called the *tienda campesina*. She was in that organization and was always with AMNLAE [a Sandinista women's organization] when they assassinated her in 1987, the second of December. . . .

31 de diciembre de 2002
Bocana de Paiwas

Vengo de una familia campesina, donde mi padre trabajaba para un rico. Era peón. Mi mamá era una mujer que lavaba ajeno, que horneaba para vender y así nos fuimos creciendo. [...] Empecé a vender a los siete años.

Ellos nos pusieron en la escuela en el año del gobierno de Somoza. Yo era oyente, era muy pequeña. Era oyente y era difícil porque no había educación gratuita. Entonces, los papás y las mamás hacían un esfuerzo para mandar a los hijos a clase. [...]

Después, ya fui a clases con el triunfo de la revolución porque ya las clases eran gratuitas, hasta les visitaban a los papás de las familias para que mandaran a los hijos a clase y para que los padres sacaran sus estudios en la alfabetización. Mi papá se alfabetizó, sacó la secundaria en la educación de adultos, y mi madre también. [...]

Mi mamá se empezó a organizar con las mujeres. [...] Las mujeres fueron avanzando y se organizaron las cooperativas [de costura y de panadería]. [...] Empezó a organizar de una manera más formal a las mujeres. Ella trabajaba en una tienda, le decían "tienda campesina". Estaba en esa organización y siempre en AMNLAE [una organización sandinista de mujeres] cuando a ella la asesinaron en 1987, el segundo día de diciembre. [...]

* Testimony given in English.

* Nos dio el testimonio en inglés.

She was, at that time, a catechist of the church.... So she celebrated Mass together with other women because ... the men were going to war and the women held Mass.

Ella era en ese tiempo catequista de la iglesia. [...] Así, ella hacía la misa junto a otras mujeres porque [...] los hombres se iban a la guerra y las mujeres hacían la misa.

[1985]
Bocana de Paiwas.

My mother was very active; she was a woman who was about three feet tall, very small but with a very big heart, with incredible energy, very dynamic. She also did theater and was half crazy.... So we know where [my] craziness comes from....

Her priority was the poor, but especially women, and when she died many people felt her absence. Yes, she was very loved....

My mother was my friend. We talked a lot. So I lost my mother and I lost a friend. It was hard for me....

We know who killed her, who killed them [the three women]. Yes, we know. We don't feel hate.

Mi mamá era muy activa, era una mujer como de un metro, bastante pequeña pero muy grande de corazón, con una energía increíble, muy dinámica. También hacía teatro y también medio loca. [...] Por eso sabemos de donde viene la locura [mía]. [...]

Su prioridad fueron los pobres, pero especialmente las mujeres y cuando se murió mucha gente sintió su desaparición. Sí, era muy querida. [...]

Mi mamá era mi amiga. Hablábamos mucho. Entonces perdí a mi madre y perdí a una amiga. Para mí fue difícil. [...]

Nosotros nos dimos cuenta de quién la mató, quiénes las mataron

The only ones we hate are the gringos because the gringos were the ones that made Nicaragua divide itself.... I won't forget when Fernando Canales captured a gringo and took him away tied up and we saw Hasenfus[*] on television. I won't forget it because that ... was evidence that, yes, the gringos were behind all of this, and that the *contras* were also victims of the gringos, and that we, the Sandinistas, just had to defend ourselves because we had no other alternative. For that reason I don't hate them, but I don't like them either....

The only ones to blame for the war here were the North Americans.... Yes, therefore it is them I hate because they were the ones who did it, who marked our faces with lines of pain, of sadness, of nostalgia, of yearning, of so many things.

[My two sisters] and I have continued doing the work of women, not only to compile the history of my mother, but also to put into practice her ideals, her wishes. When they killed her she was thirty-six. She was a young woman and was active, involved....

The Women's Center was founded in 1992. There were several women interested in making a space just for women, to address the problems of health that were not being attended to at that time,

[a las tres mujeres]. Sí, sabemos. No sentimos odio. Los únicos que odiamos son los gringos porque los gringos fueron los que hicieron que Nicaragua se dividiera. [...] A mí no se me olvida cuando Fernando Canales agarró a un gringo y lo llevaba amarrado, y lo mirábamos en la televisión a Hasenfus.[*] A mí no se me olvida porque eso [...] era algo que decía que sí, era la evidencia de que los gringos estaban detrás de todo eso, y que también los contras fueron víctimas de los gringos y que nosotros los sandinistas sólo tuvimos que defendernos, porque no teníamos otra alternativa. Por eso no los odio, tampoco me caen bien. [...]

Solamente los únicos culpables de la guerra aquí fueron los norteamericanos. [...] Sí, entonces a ellos los odio porque han sido los que han hecho que en nuestro rostro se marquen huellas de dolor, de tristeza, de nostalgia, de añoranza, de tantas cosas.

[Mis dos hermanas] y yo nos hemos quedado haciendo el trabajo de mujer, para recopilar no sólo la historia de mi mamá, sino [también] para poner en práctica sus ideales, sus deseos. Cuando a ella la mataron tenía treinta y seis años. Era una mujer joven y era ágil, participativa. [...]

La Casa de la Mujer la fundaron en 1992. Había varias mujeres interesadas en hacer un espacio propio para las mujeres, para atender el problema de salud que, en aquel tiempo, no

[*] Only survivor of a CIA supply plane shot down on October 5, 1986, by Fernando Canales, a Nicaraguan soldier.

[*] Único sobreviviente de un avión de abastecimiento de la CIA derribado el 5 de octubre de 1986 por Fernando Canales, un soldado nicaragüense.

and women would die of cervical or uterine cancer. So that idea was born.

But as the physical health was attended to, it was also necessary to address the spiritual health, the mental health. But what was affecting the physical, spiritual, and mental health was the problem of violence. Therefore we also dedicate ourselves to denouncing [the perpetrators], to accompanying the women before the judges and the police.

Later we began to dream that we would have a radio station. . . . Now . . . the Women's Center has a radio station and we have a group of young people active with it. We want to invest a lot in the young people because they are the hope for changing the women and men of this culture, which threatens everyone, men and women; because no one is happy in the midst of violence. . . .

I play two characters: one for the Cultural Center, called Doña Chona. She is a market woman who sells, and who puts into practice her feminism. . . . [The other] is a news-bearing witch who has a radio program where we receive complaints from women who are being abused by their husbands and we denounce them. And also we inject a little more, not much; we criticize the music that harms women and we criticize all the messages of the goverment and

habían atendido las mujeres que morían por cáncer cérvico o uterino. Entonces nació esa idea.

Pero a raíz de atender la salud física, también era necesario atender la salud espiritual, la salud mental. Pero afecta a la salud física, espiritual y mental el problema de violencia. Entonces se dedica también a la denuncia [de perpetradores], a acompañar a las mujeres ante los jueces y ante la policía.

Después, empezamos a soñar con que íbamos a tener una radio. [...] Ahora [...] tenemos una radio de la Casa de la Mujer, y ya tenemos un grupo de jóvenes que está al frente de la radio. Queremos invertir mucho en los jóvenes porque son la esperanza para ir cambiando a mujeres y a hombres de esta cultura que nos acecha a todos, a los hombres y a las mujeres, porque nadie es feliz sobreviviendo en la violencia. [...]

Yo hago dos personajes, uno que es para El Centro Cultural, que se llama Doña Chona. Es una mujer comerciante que vende y que pone en práctica su feminismo. [...] [La otra] es una bruja mensajera en la radio que es para hacer un programa de denuncia, donde se recepciona la denuncia de las mujeres maltratadas por los maridos. Y también donde inyectamos un poquito más, no mucho, criticamos la música que lesiona a las mujeres y criticamos todos los mensajes que hacen del gobierno

the church [that hurt us,] the women. . . .

I like being crazy because you can laugh at suffering and not remain alone in your own suffering; you find the good side of things, and so there's not a life of sadness, nor are you frustrated by what happens.

★   ★   ★

y de las iglesias [que nos perjudican a nosotras], las mujeres. [...]

A mí me gusta ser loca, porque una se puede reír del sufrimiento y no se queda sola en su sufrimiento, le encuentra el lado amable a las cosas y entonces, no hay una vida triste ni una persona frustrada por lo que le pasa.

★   ★   ★

BISMARK ALONSO CASTRO TALAVERA

December 18, 2002
Estelí

Can you tell us the story of the ambush?

When I was very small, eleven years old, my mother wanted me to go [from Las Colinas, our home] to the city of Yalí to take some things to my brothers. At that time my brother was in the military with my other brother. . . . [Bismark hitched a ride on a Sandinista military truck that was following a military jeep—Ed.]

And then, I hear a loud noise hitting the truck. . . . But at that time there was a cease-fire. . . . I didn't know what the problem was. . . . I couldn't think of anything except, I'm going to die here. The *compas* [soldiers] ducked down in the truck and put me below them. [Then] I heard each

18 de diciembre de 2002
Estelí

¿Nos puede contar la historia de la emboscada?

Cuando yo estaba pequeñito, de unos once años, mi mamá quería que me fuera [de nuestra casa en Las Colinas] a la ciudad de Yalí para llevarles cosas a mis hermanos. En ese tiempo mi hermano estaba de militar con otro hermano mío. [...] [Bismark pidió un aventón en un camión militar sandinista que seguía a un jeep militar—n. del e.]

Y entonces, yo oigo el estruendo que pega al camión. [...] Pero en ese tiempo estaba el cese de fuego [...] No sé qué fue el problema. [...] No pensé en nada, excepto, me voy a morir aquí. [...] Los compas [soldados] se tendieron en el camión y a mí me dejaron

compa getting down from the truck. I was moaning because I didn't know what it was like to be wounded. I was saying, "I wonder what this is?" And the leader of the *compas,* who was there in the truck, tells me, "Jump out and throw yourself on the ground." Then I obeyed the captain. The captain was called "Captain Casco." Then the captain tells me, "Look, I'm going to crawl over you. Grab my shoes and follow me." "Okay," I said. [They jumped from the truck and lay in a ditch next to the road—Ed.]

So the ambush started about that time, around six thirty, and the captain says to me, "Look, I'm going to throw this grenade over there, over that rock pile. When you see the grenade explode, stand up and we will run." And then I see that the grenade the captain throws never explodes but instead there is an explosion where we are in the ditch. All I do is cover my head. "They are going to kill us," I was saying.... About three minutes later, I hear the captain moaning and since he never moved from where he was, I said, "Oh, they killed him!" and I see a bullet wound here, through his ear, and where it came out of his mouth. The captain was already dead.

And then another *compa* tells me, "Look for a place you can hide." I was starting to leave from there, from the ditch, looking for

debajo. [Luego] yo oía a cada compa que se apeaba del camión. Me quejaba yo porque no sabía lo que era una herida. "¿Qué seriá esto?", decía yo. Y entonces cuando el jefe de los compañeros [compas] que iba allí en el camión, me dice: "Tírate y te tendés en el suelo". Entonces le hice caso al capitán. El capitán se llamaba el "Capitán Casco". Entonces, me dice el capitán: "Mira, paso yo para arriba. Agarrate de mis zapatos y me seguís". "Va pues", le decía yo. [Saltaron del camión y se quedaron en una cuneta al lado del camino—n. del e.]

Entonces la emboscada comenzó casi como a esta hora, como a las seis y media y me dice el capitán: "Mira, voy a tirar esta bomba para allá arriba a ese cerro de piedras. Cuando vos mirés que la bomba explote, parate y corremos". Y entonces yo miro la bomba que tira el capitán y nunca reventaba sino que venía reventando donde estábamos nosotros en la cuneta. Yo sólo me tapé la cabeza. "Nos van a matar", decía yo. [...] Como unos tres minutos después, oigo que el capitán se queja y como nunca se movió de donde él estaba, yo dije: "¡Ah, lo mataron!", y le miro un balazo aquí por la oreja y le salió aquí por la boca. El capitán ya estaba muerto.

Y entonces otro compa me dice: "Buscá para donde coger". Yo me iba saliendo así, de la

a gully when I feel like someone burned me with a cigarette, here on the side of the buttocks.... A short while later I felt like I was bleeding and I had no feeling in my leg. "Oh, I have died here," I say. And it was then that a *compa,* who was there close to me says, "What happened to you?" "Nothing," I say. "And why are you bleeding?" he says. "Well, I don't know, I must have bumped myself in the truck." I didn't know what it was like to have a bullet wound like that. He tells me, "Don't move, stay there, this will end soon." "I hope so," I tell him, "because I feel like I'm going to die." So he comes over and says, "No, keep up your spirits. If you see that I get killed and none of us move, just stay there. They are going to come here to rescue you."

So I didn't cry or anything because if I cry or moan, they are going to come and kill me. I stayed there like that, without moving, and the combat lasted almost two-and-a-half hours. At that time around 1,200 *contras* passed by there. They must have had plans to go and disarm or I don't know what they were up to, but people told me that they must have wanted to have fun one last time....

And the *contras* say, "We are going to do a cleanup of anyone who is alive. We must finish them

cuneta, buscando un guindo [barranco] cuando yo siento como que me quemaron con un cigarro aquí al lado de la nalga. [...] Al rato yo sentía que estaba arrojando sangre y la pierna no la sentía. "¡Ay!, aquí me morí", digo yo. Y entonces fue cuando me dice un compa que estaba allí cerca: "¿Qué te pasó?". "Nada", le digo yo. "Y por qué estas echando sangre?", me dice. "Es que no sé, sería que me golpeé en el camión". Yo no sabía lo que era un balazo así. Él me dice: "No te movás, allí quedate, esto ya va a terminar". "Ojalá", le digo, "porque siento que me voy a morir". Entonces vino él y me dice: "No, hazte el ánimo. Si vos mirás que yo muero y todos no respondemos, allí quedate. Aquí te van a venir a recoger".

Entonces, pues, yo ni lloraba ni nada porque si lloro o me quejo me van a venir a matar. Yo me quedo así, tieso, y casi como dos horas y media duró el combate. Esa vez iban como unos 1.200 contras por allí. Sería que llevaban planes de irse a desarmar o no sé qué es lo que llevaban ellos, como me decían a mí, sería que se querían divertir por la última vez. [...]

Y dicen los contras: "Vamos a hacer limpieza, al que esté vivo hay que acabarlo de matar". Allí fue donde yo sólo me agarré la cabeza y yo dije: "Ni modo". Me tuve que hacer el muerto y yo me quedé boca abajo. Cuando siento

[2009]

Bismark, age 31, during his first visit to ambush site where he almost died 20 years earlier. He pretended to be dead in this ditch so the *contras* wouldn't "finish him off." La Pavona Abajo, dept. of Jinotega.

Bismark, de 31 años, durante su primera visita al sitio de la emboscada donde casi murió 20 años antes. Él fingió estar muerto en esta cuneta para que los contras no "lo terminaran". La Pavona Abajo, dpto. de Jinotega.

off." That was when I just grabbed my head and said, "Oh well." I had to pretend to be dead and I stayed there face down. When I feel a kick to my head, I said, "Oh no, now for sure they are going to kill me." But I forced myself to have the strength not to moan or move because they were saying that they were going to kill whoever was alive. Around one in the morning the reinforcements [Sandinista soldiers] from Yalí arrived to pick us up....

Well, they threw me in there and carried me to the hospital in the same pickup with all the dead. And when a nurse [in Yalí] looks at me ... and notices that I moved, or it could be that I moaned or something, so that was when they

que me pegan una patada en la cabeza, yo dije: "¡Ay!, ahora sí me van a matar". Pero yo me hice el ánimo a no quejarme ni a moverme, porque como decían de que el que estuviera vivo lo iban a matar. Casi como a la una de la madrugada llegó el refuerzo [soldados sandinistas] de Yalí que nos fueron a recoger a nosotros. [...]

Pues a mí, me echaron allí y me llevaron al hospital en la misma camioneta que iban todos los muertos. Y cuando me mira una enfermera [en Yalí] [...] y mira de que yo me moví, pues, o sería que me quejé o algo, entonces fue cuando comenzaron a actuar en mí, que me dijeron de que yo no estaba muerto. Y entonces me montaron en una ambulancia y me

started to work on me and they told me that I wasn't dead. And so they put me in an ambulance and took me to Jinotega.... And when we arrived at the hospital, they tell me I moaned, and [my brothers] say to me, "You came to bring some things to us and the truck was ambushed and you were hit with a bullet.".... Then what I wanted to do was cry.

What about the more recent incident, the incident with the gang member?

Yes, it was in May [2002].... We finished playing [baseball] because it was almost five forty and you couldn't see the ball.... So I stayed there all alone eating mangos, sitting there.... They say someone came up behind me and didn't ask me anything, but just came and hit me with a rock.... I don't remember anything else. What defense could a person have who is sitting down and they grab him from behind?...

So my brother arrives in a pick-up with a group of police from here, a patrol, and that is when they took me to the hospital.... In the Estelí hospital they didn't give me an I.V. because of the seriousness of my condition, nor did they attend to me at all.... They told my mother that they couldn't do anything there, so they took me to Managua.

When we were arriving in Tipitapa [fourteen miles from

cogieron para el lado de Jinotega. [...] Y cuando ya llegamos al hospital, dicen que yo me quejé y me dicen [mis hermanos]: "Viniste a dejarnos unas cosas a nosotros y al camión lo emboscaron y te pegaron un balazo". [...] Entonces lo que me dio fueron ganas de llorar.

¿Qué es lo que le pasó en el incidente más reciente, el incidente con el pandillero?

Sí, también en mayo [2002] fue. [...] Ya terminamos de jugar [béisbol], que fue casi como a las cinco y cuarenta, que ya no se miraba la pelota. [...] Entonces yo me quedé allí comiendo mangos yo solito, sentado allí. [...] Dicen que apareció otro por detrás de mí y ése no me preguntó nada, sino dicen que sólo llegó y me dio una pedrada. [...] Yo no me di cuenta de nada más. ¿Qué defensa puede tener una persona que está sentada y la agarran por detrás? [...]

Cuando mi hermano llega con un grupo de policía de aquí en una camioneta, una patrulla, y entonces la misma policía me llevó para el hospital. [...] En el hospital de Estelí, a mí no me pusieron ni suero porque era tanta la gravedad que yo llevaba que ni me atendieron. [...] Le dijeron a mi mamá que allí no podían hacer nada, entonces, me llevaron para Managua.

Cuando yo voy llegando a Tipitapa [a veintidós kilómetros de Managua], lo que me cuenta mi

Managua], according to what my mother tells me, I died again, there in Tipitapa. And so the driver of the ambulance told my mother that it would be better to go back [to Estelí] because I was no longer responding. My mother told the driver to continue, that if I were dead when we got to the hospital, well, there would be nothing else to do but take me back for the wake.... So they say that when I arrived at the hospital, they placed some electric paddles on me and I responded and they realized that I was still alive.

After the operation ... I kept having a problem with drainage in my ear.... I had it for around ten days ... and so the doctors were worried about me because they were saying it was going to affect my brain.... They told me they were going to operate and ... that it would cost me about 12,000 pesos [US$750].... I told them I didn't have the resources....

Previously I had helped a man at a pharmacy [doing deliveries]; I had worked there, helping him out for almost two years. But the movement of the bicycle hurt my stomach.... And so I told the pharmacist that I wasn't going to be able to help him any more because the jarring of the bicycle affected me. That's when he asked what was wrong with me. And so I told him my whole history and I left [the job] in

mamá es que yo me quedé muerto allí, otra vez, allí por Tipitapa. Y entonces el chofer de la ambulancia le dijo a mi mamá que mejor se iba a regresar [a Estelí], porque yo ya no respondía. Mi mamá le dijo al chofer que siguiera, que si ya estaba muerto en el hospital, pues que no había otra cosa que traerme a velar. [...] Entonces dicen que cuando yo llegué al hospital me pusieron unas planchas eléctricas para responder y se dieron cuenta que yo estaba vivo todavía.

Después de la operación [...] yo había quedado con un problema en el oído, tenía una vertiente de agua. [...] La tenía como diez días [...] y entonces los médicos estaban procupados por mí, porque me decían que me iba a afectar el cerebro. [...] Me dijeron que me iban a hacer una operación y [...] que me costaba como 12.000 pesos [US$750]. [...] Yo les dije que yo no tenía recursos. [...]

Yo anteriormente le ayudé al señor de la farmacia [haciendo entregas]; yo le había ayudado casi como dos años allí a trabajar. Pero el movimiento de la bicicleta a mí me hacía daño al estómago. [...] Y entonces yo le dije al señor de la farmacia que yo no iba a poder ayudarle más porque los golpes de la bicicleta a mí me afectaban. Entonces él me dijo que qué era lo que tenía yo. Y yo le conté toda mi historia y me salí [del trabajo] bien tranquilo con él. [...]

good standing....

Then, when he realized that they [the gang] had bashed me, he helped me quite a bit. He helped me with a medication that cost about 2,000 pesos [US$125] and another 1,500 pesos [US$94] in cash. Then my brother also loaned me some money to help out....

At this point, we [still] owe almost 2,000 pesos.... My wife and I are paying it off.

[Bismark's wife, Alba Luz, works in a factory rolling cigars. Bismark has had several jobs, but learned to drive, and now (in 2010) is a taxi driver in Estelí. They have three young boys.—Ed.]

★   ★   ★

Entonces cuando él se dio cuenta de que me habían golpeado [la pandilla] él me ayudó bastante. Me ayudó con una medicina como de 2.000 pesos [US$125] y como con 1.500 pesos [US$94] en efectivo. Y entonces mi hermano me había prestado unos reales [dinero] para ayudarme a mí también. [...]

Y hasta la vez [fecha], nosotros debemos como 2.000 pesos. [...] Yo con mi señora los estamos pagando.

[Alba Luz, la esposa de Bismark, trabaja en una fábrica haciendo puros. Bismark ha tenido varios empleos, pero aprendió a manejar, y ahora (en 2010) es taxista en Estelí. Tienen tres hijos varones.—n. del e.]

★   ★   ★

TRÁNSITO SUÁREZ AMADOR

April 14, 1985
Río Blanco

[A month after the 1985 contra attack, Mike Hamer and Paul met with Tránsito and recorded this testimony. Years later we found only the English version of the report, so we have translated Tránsito's words back into Spanish.—Ed.]

The contras came into the house and grabbed me while I was asleep. They took me outside naked, with just my shoes on. There were five contras who

14 de abril de 1985
Río Blanco

[Un mes después del ataque de los contras de 1985, Mike Hamer y Paul se encontraron con Tránsito y grabaron este testimonio. Años más tarde sólo encontramos la versión en inglés del reportaje, entonces hemos traducido las palabras de Tránsito de vuelta al español.—n. del e.]

Los contras entraron a la casa y me agarraron mientras dormía. Me sacaron afuera, desnudo, sólo con mis zapatos puestos. Había cinco

came in the house. After they took me out, they took out my son, then my wife, my nephew, and my sixteen-year-old daughter, Ricarda. They took us about 200 yards from the house. When they went in for my younger children, I ran away from them.... [Sandinista soldiers and I] found my wife that same day. She had slashes on her arms and legs and was stabbed in her heart and face. The next day we found my son and my nephew. The *contras* had slit their throats, nearly decapitating them, and their hands were tied behind their backs.

[Later in this testimony, he refers to a $14-million contra aid package the U.S. Congress had just passed. —Ed.]

If I could write to President Reagan, I would ask him to send the fourteen million here for books and medical supplies. The children here need school and medical supplies. All we are doing is working to feed our families. If we Nicaraguans die of hunger, it will be Reagan's fault. Reagan's work here in Nicaragua is a plague on the people, a plague that comes from Honduras and Costa Rica [the *contra* training camps], a financing of death.*

contras que entraron a la casa. Después de llevarme afuera, sacaron a mi hijo, luego a mi esposa, a mi sobrino y a mi hija Ricarda, de dieciséis años. Nos llevaron como a 200 metros de la casa. Cuando entraron para sacar a los niños, yo me escapé. [...] [Soldados sandinistas y yo] encontramos a mi esposa el mismo día. Tenía cuchilladas sobre los brazos y piernas y fue apuñalada en el corazón y la cara. Al día siguiente encontramos a mi hijo y a mi sobrino. Los contras los habían degollado, casi decapitándolos, y tenían las manos amarradas en la espalda.

[Luego en su testimonio, se refiere al paquete de apoyo de 14 millones de dólares que el congreso de los EE.UU. acababa de aprobar para la contra. —n. del e.]

Si yo pudiera escribirle al Presidente Reagan, yo le pediría que nos mandara aquí los catorce millones para libros y medicina. Los niños aquí necesitan materiales escolares y medicinas. Sólo estamos trabajando para darle comida a nuestra familia. Si nosotros los nicaragüenses morimos de hambre, será la culpa de Reagan. El trabajo de Reagan aquí en Nicaragua es una plaga para el pueblo, una plaga que viene de Honduras y Costa Rica [los campamentos de entrenamiento de la contra], un financiamiento de la muerte.*

[1987]

Farm at base of Musún Mountain in area where Tránsito lives, SW of Río Blanco, dept. of Matagalpa.

Finca al pie del Cerro Musún en el área donde vive Tránsito, al suroeste de Río Blanco, dpto. de Matagalpa.

March 8, 2005
Los Manguitos,
dept. of Matagalpa

8 de marzo del 2005
Los Manguitos,
dpto. de Matagalpa

From our 1985 interview, I don't remember what happened to your daughter Ricarda after the contras took her away.

De la entrevista de 1985, no recuerdo lo que le pasó a su hija Ricarda, después de que los contras la sacaran de su casa.

[Sandinista soldiers and I] rescued her during a combat.... Who

A ella la quitamos [yo y soldados sandinistas] en un combate. [...]

* From *Interview with Tránsito Suárez Amador*, a Witness for Peace report dated April 14, 1985.

* De *Interview with Tránsito Suárez Amador*, un reportaje de Acción Permanente por la Paz, fechado el 14 de abril de 1985.

FÉLIX PEDRO ESPINALES MENDOZA

knows where they were taking her? I didn't think at that moment I was going to find her. I never thought they were going to let her go.... They [the two dead boys] remained almost two days in the mountains. They already had maggots when I went to get them. That was so horrible, horrible, that I don't feel like talking about it because it was such a terrible thing.

My wife was a member of a health brigade ... and the boy [my son] was a member of an adult education brigade. Yes, that was the only crime that we committed.

How much do you make selling your raw sugar candy at the Río Blanco bus station?

Twenty pesos [córdobas], imagine, it embarrasses me. They ask me, several there—since all the bus drivers know me—they ask me how much I earn. "Man, I earn sixty córdobas," I say and it's a lie ... because I'm ashamed to say the amount that I earn. I'm embarrassed about what I earn. That I earn sixty pesos? It's a lie. I earn twenty córdobas [a little over US$1.00], yes.

Quién sabe adónde la llevaban. Yo ya no pensaba en ese momento que la iba a recuperar a ella, sí, nunca pensé que la iban a soltar. [...] Pasan [los dos muchachos muertos] casi dos días en el monte, ya tenían gusanitos cuando yo los recogí. Eso era horroroso, horroroso que a mí pues, no me dan ganas de platicar porque es tremendo eso.

La señora era brigadista de salud [...] y el muchacho [mi hijo] era brigadista de educación de adultos. Sí, ese fue el delito nomás que tuvimos nosotros.

¿Cuánto gana vendiendo su dulce de miel de caña en el terminal de buses de Río Blanco?

Veinte pesos [córdobas], imagínese, que a mí me da vergüenza. A mí me preguntan, varios allí —como a mí me conocen ya todos los buseros— me preguntan que cuánto gano yo: "Hombre, yo gano sesenta córdobas", les digo y es mentira [...] porque me da vergüenza decir el precio que yo gano. Me da vergüenza decir yo mismo que cuánto gano. ¿Que gano sesenta pesos? Es mentira. Yo gano veinte córdobas [un poco más de US$1.00], sí.

★   ★   ★

March 1, 2005
Bocana de Paiwas

Do you remember when you came to the mountains?

When my parents moved from there, from Tisma [department of Masaya] to the mountains [to Jorgito], I was three years old. I don't remember. Well, this is when the war started—slowly, slowly, little by little. Then my father became involved in it....

With the Sandinistas?

Yes, yes. Then in '83 there was the massacre of Jorgito. I remember it as 1983. [It was 1984.—Ed.] They were inaugurating the house of the militia headquarters [civilian self-defense unit], so there was a party. The party was on the thirteenth of May. At three in the morning they [the *contras*] attacked the house where the party was.... Since the *contras* had better weapons and were better armed, while the people who were there had few weapons, they couldn't defend themselves very well. So that's why the massacre happened.

More than thirty people died, or around thirty-five. Like I say, this is hard to remember. Yes, because you see, there were some ditches for protection and the dead fell there. And there, my [twin] brother and I walk on top of the dead. I touch the hands, I touch the blown-apart

1º de marzo de 2005
Bocana de Paiwas

¿Recuerda cuando vino a la montaña?

Cuando mis padres se trasladaron de allá, de Tisma [departamento de Masaya], yo venía de tres años a la montaña [a Jorgito]. No recuerdo. Pues, ya se inició la cosa de la guerra —suave, suave, poco, poco, poco. Después, mi papá se ingresó a ése.[...]

¿Con los sandinistas?

Sí, sí. Entonces para el año 1983 fue la masacre de Jorgito. Me cae que en 1983. [Sucedió en 1984. —n. del e.] Estaban inaugurando una casa de comando de las milicias [autodefensa civil], entonces había fiesta. Una fiesta que fue el 13 de mayo. A las tres de la madrugada [los contras] atacaron la casa donde estaba la fiesta. [...] Como los contras andaban con mejores armas y estaban mejor armados mientras que la gente que estaba allí tenía pocas armas, no pudieron defenderse muy bien. Entonces, el porqué sucedió esa masacre.

Murieron más de treinta personas, treinta y cinco, por allí. Como digo, esto es duro recordarlo. Sí, porque, fíjese que había unas zanjas de protección y allí caían los muertos. Y allí yo y un hermano mío [gemelo de Félix], nos pasamos por encima de los

★   ★   ★

bodies, everything. . . . And only I, my brother, and a little girl, very young, survived that attack . . . just three, no more.

Afterwards, in the morning, they took us as prisoners, my brother and me, and they dragged all the dead and threw them into a ditch, threw dirt on them, and left them buried.

You had to see all this?

Yes, I saw it. Then they burned the houses, the headquarters, and then they took us away. They were going to take us to Honduras, but farther down the road there was a sister of mine who talked with them, with the leader, and she begged them to leave us. So then they agreed and they left us there where my sister lives.

You were eleven years old?

Yes, and the girl was only two. We carried her, cradling the girl. . . . I remember well that day, that the mother of that surviving girl was dead; she was dead, her skull blown apart, the head, and the girl nursing on her breast, yes, and the mother dead. It is sad to remember this, it's hard because it hurts.

Do you suffer from trauma or psychosis from the war?

Of course, for sure. I remember what happened to me almost every day of my life and I believe it is

muertos. Toco de manos, toco de partes desbaratadas, todo. [...] Y sólo yo y un hermano mío y una niñita, tiernita, sobrevivimos de ese ataque [...] solamente tres, nada más.

Después, en la mañana nos agarraron de rehenes a mí y a mi hermano, y arrastraron a todos los muertos y los echaron a una zanja, les echaron tierra y los dejaron enterrados.

¿Usted tuvo que ver todo eso?

Sí, yo lo miré. Después le pegaron fuego a las casas, al comando, y después nos llevaron a nosotros. Nos llevaron allá, para Honduras, pero más adelante, en el trayecto del camino, había una hermana mía que habló con ellos, con el jefe, y ella les suplicó que nos dejaran a nosotros. Entonces ellos, pues, aceptaron, pues nos dejaron allí donde la hermana mía.

¿Usted tenía once años?

Sí, la niña tenía solamente dos años. Nosotros la llevamos, chineando [acunando] a la niña. [...] Recuerdo bien esa fecha, que la mamá de esa niña sobreviviente estaba muerta, estaba muerta, desbaratada del cráneo, la cabeza, y la niña mamando del pecho, sí, y la madre muerta. Que eso es triste recordarlo, es duro porque duele.

¿Tiene trauma o psicosis de la guerra?

Como no, sí, claro. Esto que me

difficult to forget it. These moments . . . remain engraved in your mind and it's difficult to forget them. Yes, even more so when you are a survivor, as in this case where I lost a loved one like my father. It's difficult to forget. . . .

Do you remember what job your father had?

He was head of the command [self-defense unit]. He was in charge of forty soldiers [civilian militia]. My father's name was Pedro Espinales Flores. . . .

Did being in the army give you the opportunity to rid yourself of some of your vengeance?

Look, in the eighties under the government of Daniel Ortega and the Sandinistas, there was a draft here in Nicaragua and all the young men were obligated to go to war. So I didn't go to war because of

sucedió a mí pues, yo lo recuerdo casi todos los días de mi vida, y yo creo que es difícil olvidar eso. Son momentos que [...] se quedan grabados en la mente de uno, y es difícil olvidarlos. Sí, más cuando uno es sobreviviente, tal vez en ese caso que perdí a un ser querido como era mi padre. Es difícil olvidarse. [...]

¿Se acuerda qué oficio tenía su papá?

Jefe del comando. Era jefe de cuarenta soldados [milicianos civiles]. Mi papá se llamaba Pedro Espinales Flores. [...]

¿El ejército le dio una oportunidad de deshacerse un poquito del deseo de venganza?

Mire, en los años ochenta, cuando el gobierno de Daniel Ortega y el Frente Sandinista pues, había una Ley del Servicio Militar Obligatorio aquí en Nicaragua, y era obligado que todo joven tenía que ir a la guerra.

[1985]

Río Grande de Matagalpa near San Pedro del Norte. South Atlantic Autonomous Region.

Río Grande de Matagalpa cerca de San Pedro del Norte. Región Autónoma Atlántico Sur.

vengeance, but because there was a law. Yes, you had to go, it was an obligation. I didn't want to go but because of the law I had to. . . .

And now what do you do?

I'm working on my boss's farm. I live there with my mother, my two children, and my little niece. There is work in the fields, farming to survive. . . . Six, seven hours with the machete; it's hard work.

Does he treat you well, pay you well?

Yes, of course, but he doesn't pay well, thirty córdobas [about US$2.00] a day, very little, but he's not able to pay more. [Félix chuckles.]

Do you have a wife?

No, no, I had a partner but she doesn't live with me anymore, only my two little ones stayed with me. They are part of my life, yes, they are part of my life.

Are there ex-contra here?

Yes, there are *ex-contras*. . . . You are able to forgive but not forget. You can be friends but you remember what happened, but we don't get into arguments, although of course you remember what has happened. . . .
     Look, many that fought in the war weren't there of their

Entonces, yo por venganza no fui a la guerra, sino por una ley que había. Sí, tenía que ir, era obligado pues. Yo no quería ir pero la ley me lo obligaba y tenía que hacerlo. [...]

¿Y ahora qué hace usted?

Estoy trabajando ahí en una finca del patrón mío. Ahí vivo [con] mi mamá, mis dos niños y una sobrinita mía. Hay trabajo en el campo a producir productos para sobrevivir. [...] Seis, siete horas con machete; es duro ese trabajo.

¿Le trata bien? ¿Paga bien?

Sí, cómo no, pero no paga bien, treinta córdobas [aproximadamente US$2.00] al día, muy poco pero no se puede más. [Félix ríe contenidamente.]

¿Tiene esposa?

No, no, tenía mi compañera pero no vive conmigo ya, solamente dos niñitos míos tengo que me quedaron de ella. Son parte de mi vida, sí, son parte de mi vida.

¿Hay ex contras aquí?

Sí, hay ex contras. [...] Uno puede perdonar pero no olvida. Aunque uno puede tener amistad, pero uno recuerda lo que sucedió, pero no entramos en contradicciones, aunque claro, uno recuerda lo que le ha sucedido. [...]
     Fíjese, muchos de los que andaban en la guerra no andaban

own accord, sometimes they were deceived, they were forced. Then, since there were thousands and thousands involved you aren't able to take revenge or hurt anyone because you don't know who they were or who did the damage.

Do you drink a little to escape your memories?

Yeah, sometimes.

★   ★   ★

por decisión propia, era porque a veces los engañaban, los obligaban. Entonces como eran miles y miles los que andaban, uno no puede vengarse o hacerle un daño porque no se sabe quién fue o quién le hizo el daño a uno.

¿Toma un poco para escapar de los recuerdos?

¡Ajá!, a veces.

★   ★   ★

SOFÍA DEL CARMEN PALACIOS GUTIÉRREZ

January 19, 2005
Ayapal, Nicaragua

How long have you been here in Ayapal?

Ten years in Ayapal, yes, I used to work in Jinotega. At the age of seven I began to do business. I sold in the streets, calling out, selling atol [a corn-based drink], fruit juice, rice with milk, cusnaca [fried syrup] made with jocote [a tropical fruit], vigorón [pork cracklings with manioc], enchiladas. . . . Later . . . my mother started a dining stall in the market . . . but in 1978 the first [action of the] insurrection happened in Jinotega when the people rose up in protest against the dictatorship of Somoza.
     There in Jinotega we suffered a lot when the first demonstrations

19 de enero de 2005
Ayapal, Nicaragua

¿Cuántos años lleva aquí en Ayapal?

Diez años en Ayapal, sí, yo trabajaba en Jinotega. A la edad de siete años comencé a ejercer el comercio. Vendía en las calles, voceando, vendiendo atol [bebida a base de maíz], refresco, arroz de leche, cusnaca [almíbar] de jocote [fruta tropical], vigorón [chicharrón con yuca], enchiladas. [...] Después [...] mi mamá puso un comedor en el mercado [...] pero en 1978 entró la primera [acción de la] insurrección a Jinotega, cuando se levantó la gente en protesta contra la dictadura de Somoza.
     Nosotros, allá en Jinotega, sufríamos bastante cuando las

started in '78. My sister [Imelda] went to those demonstrations; they beat her, they arrested her and put her in prison on several occasions. I suffered . . . for her. They jailed her, tortured her, and blindfolded her. They tied her hands, tied behind her back. She was surrounded by many men and they kept her in the same room, prisoner.

And later in that period they [the National Guard] came and punished us so much; they beat us. Then my [two] brothers decided to go to the mountains to struggle against the dictatorship.

Did your brothers come back?

I was very happy with the triumph of the Sandinistas [in 1979], because my brothers came back. Sergio arrived in some trucks that entered [into Jinotega], and when those trucks arrived he was dressed in military clothes. I thought it was unbelievable that I was looking at him, and I touched him from his head all the way to his feet and I thought it was not true that it was him, and he said to me, "Why are you crying if it's me? Touch me, yes, it's me."

Well, we spent a time more or less in harmony with my brothers and my family, but as it happened, my sister fell in love with the father [Enrique Morán] of her son . . . .

primeras manifestaciones del 78. Mi hermana [Imelda] iba a esas manifestaciones; la golpeaban, la apresaban, estuvo presa en varias ocasiones. Yo sufría [...] por ella. La tuvieron presa, la torturaron y la vendaron. La amarraron de las manos, maniatada con las manos para atrás. Estuvo entremedio de muchos hombres, donde la tenían en un mismo cuarto, prisionera.

Y luego en esa época, a nosotros llegaban [la Guardia Nacional] y nos castigaban demasiado; nos golpeaban. Pues entonces mis [dos] hermanos decidieron venirse a las montañas a luchar contra la dictadura.

¿Volvieron sus hermanos?

Yo me alegré con el triunfo de los sandinistas [1979] porque llegaron mis hermanos. Sergio llegó en unos camiones que entraron [a Jinotega] y cuando entraron esos camiones él iba de militar. Me parecía mentira que yo lo veía, y yo lo tocaba de la cabeza hacia los pies y me parecía que era mentira que era él, y me decía él: "¿Por qué llorás si soy yo? Tocame, sí, soy yo".

Bueno, pasamos un tiempo más o menos en armonía con mis hermanos y mi familia pero se dio el caso que mi hermana se enamoró del papá [Enrique Morán] de ese hijo que tiene. [...]

When the *Frente* [Sandinista party or FSLN] was no longer in power [1990], we still wanted to work in the market, but since there was an organization [political party] in the mayor's office that they called the UNO [National Opposition Union], they disliked us because we belonged to the other party [Sandinista]. I had to move from there [Jinotega] to here [Ayapal] because I could no longer survive. I had a stall there [in the market], and for that reason, you see, because they discriminated against us, I had to leave it.

Did it go better here in Ayapal?

When we came here, we also found a new guerrilla force, a band that they call the *380* [one of the groups that rearmed after the peace accords in 1990], which was a part of the resistance [*contras*]. So, again, we came here only to suffer that. Here we spent three years sleeping on the floor. We couldn't sleep in our beds because they might come at any moment and say, "We are going to burn this settlement," which was some little bamboo houses roofed with *guinellón* leaves [a type of wild plant]. So they would scare us, because when their troops came it was dangerous.

Are there still land mines in this area?

They [representatives of the

Cuando ya terminó el Frente [Frente Sandinista o el FSLN] de estar en el poder [1990], nosotros todavía quisimos trabajar en el mercado, pero como había un organismo en la alcaldía que le decían la UNO [Unión Nacional Opositora], entonces no nos miraron bien porque nosotros pertenecíamos al otro partido [sandinista]. De allí [Jinotega] para acá [Ayapal], yo tuve que venirme porque ya no podía sobrevivir. Yo tenía un tramito [puesto] allí [en el mercado] y por la misma cosa, de que ya nos discriminaban, tuve que dejarlo.

¿Le fue mejor aquí en Ayapal?

Cuando vinimos aquí también nos encontramos con una nueva guerrilla de una banda que les decían los *380* [uno de los grupos que se rearmaron después de los acuerdos de paz en 1990], que era parte de la resistencia [contra]. Aquí también vinimos a sufrir eso. Aquí pasamos tres años durmiendo en el suelo. No podíamos dormir en cama, porque ellos entraban en cualquier momento y decían: "Vamos a quemar esta ranchería", que eran unas casitas de bambú, tapadas con hojas de guinellón [tipo de planta silvestre]. Entonces, ellos nos metían miedo porque cuando venían esas tropas era peligroso.

[1990]

Public market in Jinotega where Sofía had her business before moving to Ayapal.

Mercado público en Jinotega donde Sofía tenía su negocio antes de mudarse a Ayapal.

Organization of the American States] have still been around here giving talks about those mines because, look, the war ended, yet the people keep dying because of the mines. They blame the Nicaraguan Army, but they were all Nicaraguans, right? Brothers were killing brothers, but they blame the Frente [FSLN]. If they [the U.S.] had not put its hand on Nicaragua, Nicaragua would not have had a war.

Look, at that time one suffered, and one continues to suffer the consequences of that, because you cannot erase those marks that they left on our lives; the destruction that they have done to us because of the many weapons that were sent [from the U.S.] so there would be those deaths.

¿Todavía hay minas antipersonales por aquí en esta zona?

Han andado [representantes de la Organización de los Estados Americanos] aquí todavía dando charlas sobre esas minas, porque mire, la guerra se terminó, pero la gente sigue muriendo a través de las minas. Ellos culpan al Ejército Nicaragüense, pues, todos eran nicaragüenses, ¿verdad? Se estaban matando entre hermanos, pero ellos culpan a los del Frente [FSLN]. Si ellos [los EE.UU.] no hubieran puesto su mano sobre Nicaragua, Nicaragua no hubiera tenido guerra.

Mire, en ese tiempo se sufría y uno sigue sufriendo por consecuencias de eso, porque eso no se puede borrar, esas huellas que dejaron en nuestras vidas, la

People have turned against the Frente because of the [compulsory] military service and because of the rationing. But that all happened because of the consequences of the war. If there hadn't been a war, there would not have been an army and there would not have been rationing. And if there *had* been an army, it would have been a peaceful army.

Do you have a message for the mothers in the U.S.?

Well, the message I can send to the mothers there is that they should not continue supporting those wars, because their children are going to die and the gringos [the leaders] are going to stay [home] in their country eating and drinking peacefully.... It is better to advise them to look for God and give themselves to the Lord and give up the fighting. And to the government—that they don't continue sending arms and money in order to continue destroying nations. As mothers, many of us suffer in this country even though it's not our children fighting in those other nations [i.e., Iraq and Afghanistan], but since we've experienced that suffering, we feel the pain of other mothers.... That's the way it is: mothers always suffer everything that happens to the child.

★   ★   ★

destrucción que nos han hecho a través de tantas armas que mandaron [de los Estados Unidos] para que hubiera esas muertes.

La gente se ha volteado [está en contra] del Frente en base al servicio militar [obligatorio], en base al racionamiento. Pero todo eso se dio por las consecuencias de la guerra. Si no hubiera habido guerra, no hubiera habido servicio, no hubiera habido racionamiento. Y si *hubiera* habido servicio, habría sido un servicio pacífico.

¿Tiene un mensaje para las madres en los Estados Unidos?

Bueno, el mensaje que les podría dar a las madres de allá es de que no sigan apoyando esas guerras porque sus hijos van a morir y los gringos [los líderes] van a quedarse en su patria tranquilos, comiendo y bebiendo. [...] Que mejor los aconsejen que busquen a Dios, que se entreguen al Señor y dejen de pelear. Y al gobierno —que ya no siga dando armas ni dinero para que sigan destruyendo a las naciones. Muchas madres sufrimos en este país aunque no sean nuestros hijos que están peleando en esas otras naciones [i.e., Irak y Afganistán], pero como ya sufrimos eso, sentimos el dolor de otras madres. [...] Así es, las madres siempre sufren todo lo que le sucede al hijo.

★   ★   ★

RENÉ ISAAC VARGAS PEREIRA

December 6, 2002
Managua

Tell us something about your life.

I am thirty-four years old, born in Managua. I have a son. I married, even being like this—with disabilities—I married an employee of the Aldo Chavarría Hospital. She worked in the hospital pharmacy. I married, I divorced. I have a son from that marriage. Then I was with another partner, I had another son. He is with his mother. I separated again and now I am with another partner.

Before going into the military service, what did you do?

Well, I worked, I studied. That was my routine, working and studying. I worked in cabinet-making and I attended my first year of high school, and from school they drafted me into the military. I was seventeen years old. I was not yet eighteen when I lost my legs on September 14, 1986.

Would you tell us what happened in the ambush?

I was coming to Managua [with a pass to go home and take care of my mother] ... but the military vehicle broke down, and in [another] Company there had been some casualties. They needed replacements so when I returned, the commanders ordered me to

6 de diciembre de 2002
Managua

Díganos algo de su vida.

Tengo treinta y cuatro años, originario de Managua. Tengo un hijo. Bueno, me casé ya estando así discapacitado, me casé con una trabajadora del Hospital Aldo Chavarría. Ella trabajaba en la farmacia del hospital. Me casé, me divorcié. De ese casamiento me quedó un hijo. Luego estuve con otra compañera, tuve otro hijo. Está con su mamá. También me separé y ahora estoy con otra compañera.

Antes de ingresar al servicio militar, ¿qué hacía?

Bueno, trabajaba, estudiaba. Eso era mi rutina, trabajar y estudiar. Trabajaba en ebanistería y estudiaba mi primer año de secundaria y del colegio, ellos me reclutaron al servicio militar. Tenía diecisiete años. Iba a cumplir dieciocho cuando yo perdí las piernas el 14 de septiembre de 1986.

¿Nos puede contar los sucesos de la emboscada?

Yo venía a Managua [con un permiso para ir a casa y cuidar a mi madre] [...] pero el vehículo militar se descompuso y en la [otra] Compañía había unas bajas. Necesitaban refuerzos y cuando regresé, la Jefatura me manda a la Compañía. Eso fue como a las dos de la tarde.

join the Company. That was around two in the afternoon.

It is something that you never forget.... We left Wiwilí for San José de Bocay, arriving at a place called Cuatro Esquinas, somewhere around five thirty in the afternoon. So there were five military trucks. We were all going to a big operation in the mountains. I was in the last truck and at five, five thirty—in the mountains, you know, it's already dark, or almost—so at that point the mine exploded, an antitank mine and an ambush. I have a wound here, a scar, the result of a bullet. That was after the combat started, which lasted approximately three hours, four hours....

The *guardia* [*contras*] were very close. We were surrounded and they wanted to capture the wounded alive.... I didn't have this leg any more and I didn't know it. I was cold, disoriented, confused, but I was conscious, yes, because I was dragging and dragging myself. Since it was dark I didn't know where to shoot and I didn't know if I was going to hit one of my *compañeros*, because the blast of the mine blew us all over the place and we were all scattered about. Therefore it was very, very complicated. Very complicated. But I noticed that when I wanted to get up ... I fell down and I realized I didn't have this leg. It was just stuck inside my pant leg

Es algo que no se olvida nunca. [...] Salimos de Wiwilí a San José de Bocay, llegando a un lugar que le llaman Cuatro Esquinas, allá como a las cinco y media de la tarde. Entonces iban cinco camiones militares. Íbamos a un operativo fuerte adentro. Yo iba en el último camión y ya a las cinco, cinco y media —en la montaña, tú sabes que ya es noche, ya prácticamente— entonces, a esa hora fue cuando explotó la mina, una mina anti-tanque y una emboscada. Yo tengo aquí una herida, una cicatriz, producto de bala. Esto fue ya después que empezó el combate que duró aproximadamente tres horas, cuatro horas. [...]

La guardia [contra] la teníamos bastante cerca. Fue cerrado [rodeados] y a los heridos nos querían agarrar vivos. [...] Esta pierna yo ya no la tenía y yo no sabía. Yo estaba entumido [entumecido], desorientado, no sabía, pero estaba consciente, sí, porque yo me iba arrastrando y arrastrando. Como era de noche no sabía adónde disparar y no sabía si yo le iba a dar a un compañero mío y como el impacto de la mina nos envió a uno por un lado y a otro por otro lado, entonces quedamos toditos desperdigados. Entonces fue algo bien complicado, bastante complicado. Pero yo me miré que cuando me quiero levantar [...] me caí y me di cuenta que no tenía esta pierna. Sólo estaba metida dentro del

and my boot. That is when I pulled up my pant leg like this and pulled out my leg so it wouldn't get in my way and I was able to drag myself. And then I began to call for help, "Medic, medic, medic!" And that is when they took me out, the fourteenth of September. About that time they carried me to the trucks where they had the rest of the wounded, because seven died that day, seven dead and the rest wounded. And around nine we left there, from that place to Apanás [a military hospital] where I arrived at dawn on the fifteenth.

I believe it was around the twenty-third of October when they amputated my other leg because of gangrene. After that came the whole process of healing, to accept this, you know, seventeen, eighteen, just beginning my life.

But your family helped you a lot?

Yes, incredibly so. If they hadn't I don't think I would be where I am. My family, my friends, if they had not been there I believe that, psychologically speaking, I would not have survived.... To start life under such new circumstances is a bit complicated, almost too big a task for a young person. To be starting one's youth and starting a life like this when I had no idea what my life had in store for me, to go around in a wheelchair in a wartime situation.

pantalón y la bota. Fue cuando yo me guiñé [tiré] el pantalón así y saqué mi pierna para que no me estorbara y lograr arrastrarme. Y de ahí comencé a pedir ayuda: "¡Sanitario, sanitario, sanitario!" Y fue cuando me sacaron, el 14 de septiembre. Fue como a esa hora que me llevaron a los camiones donde tenían el resto de los heridos, porque murieron siete ese día, siete muertos y el resto heridos. Y como a las nueve salimos de allí, de ese lugar hacia Apanás [un hospital militar] donde llegué al amanecer del quince.

Como el 23 de octubre creo que fue cuando amputaron mi otra pierna porque me dio gangrena. Después de eso viene todo el proceso de cicatrización, aceptación aquí, usted sabe, diecisiete, dieciocho años, comenzando la vida.

¿Pero su familia lo apoyó mucho?

Sí, increíblemente. Si no, no estuviera donde estoy, yo creo. La familia, los amigos, de no ser así yo creo que no hubiera sobrevivido, psicológicamente hablando. [...] Comenzar la vida con una nueva situación es medio complicado y como que le calza demasiado grande a uno ser joven. Estar comenzando la juventud y comenzar una vida, así que no tenía ni idea yo de lo que iba a ser mi vida, andar en una silla de ruedas en una situación de guerra.

And you never fell into a depression?

I never became depressed, thanks to God, no, never. Yes, you knew me there in the hospital. Do you remember? Always smiling.

It's that I always had in my mind that if I got depressed it was going to affect my family even more. So the most affected was my father, my papa. He couldn't look at me, because he would faint. He was the one who entered into a very deep depression. Therefore, the most logical thing I could do was to act strong, with a strong character, in order to lift their spirits. It was a very difficult task for me.

So you had to take care of them?

Yes, exactly, because I did not want them to be affected, because then the impact of my problem would be greater.... I believe that, in the end, they were the most affected at that moment because I'm the oldest of five brothers and sisters.... So it was up to me to overcome my depression, my worries, and to think about them. But in the end that helped me a lot because it helped me to be strong and to survive peacefully and without bitterness, without depression, or anything like that. But on the contrary, I even ended up married.... I helped the other patients, other *compañeros* from the war, to lift their spirits.

¿Y nunca cayó en una depresión?

Nunca me deprimí, gracias a Dios, no, nunca. Sí, tú me conociste ahí en el hospital, ¿te acuerdas? Siempre sonriendo.

Es que yo siempre me metía en mi cabeza que si yo me deprimía, iba a afectar más aun a mi familia. Entonces, el más afectado fue mi padre, mi papá. Él no podía verme porque se desmayaba. Él fue quien entró en una depresión bastante fuerte. Entonces, lo más lógico era que yo tenía que actuar fuerte, con carácter fuerte, para levantar el ánimo de ellos. Fue una tarea bien dura para mí.

¿Entonces usted tuvo que cuidarlos?

Sí, exactamente, porque yo no quería que ellos estuvieran afectados porque entonces iban a ser mayores los efectos de la vaina mía. [...] Yo creo que al final, ellos fueron los más afectados en ese momento porque yo soy el hijo mayor de cinco hermanos. [...] Entonces me tocó eso de sobreponerme a mi depresión, a mis preocupaciones y pensar en ellos. Pero al final eso me ayudó mucho porque me ayudó a ser fuerte y a sobrevivir tranquilo y sin amargura, sin depresión, ni nada por el estilo. Al contrario, incluso salí casado. [...] Ayudaba yo a otros pacientes, a otros compañeros de guerra a levantarles el ánimo.

Entonces, dejé una imagen

So I left a very good impression in the three hospitals where I was. In Apanás they didn't want me to leave when they transferred me. The nurses and the patients called me "the psychologist" and things like that because I was the one who would help keep the patients calm and collected. Therefore no one wanted me to go. Everyone crying, and it was very moving, which at the same time helped me gain more character, more strength. So when I arrived at Aldo [Aldo Chavarría Rehabilitation Hospital], I arrived without a scar, without pain. That is the most horrible part, the first stage, that is to say, the healing of the wounds and the acceptance of a problem such as a disability.... If one survives the first stage, the rest is "a piece of cake," as we say.

What do you think now? We were here in the eighties and there was incredible hope, a struggle for a new society in Nicaragua. And now, after the election in 1990—do you believe it was all for nothing?

That we are worse off than before the war? That's right, I believe that's the most logical way to think. It hurts me a lot because I'm a living part of the consequences of the struggle to live peacefully, to have a rich, beautiful society.

Unfortunately it was all a failure, because today we are worse off than before the war [the Triumph] of '79. I know that we are worse off. And it is sad because there are so many young people dead. At least I am giving testimony, but there are so many young people who can't give their testimonies. It must be sad for their families. And it is sad for all of us, because the truth is I left my legs there, and I am not the only one. There are thousands of us who have ended up like this. And others are in worse condition than I am. There are people who are worse off, people with mental problems, people that ended up quadriplegic, who can barely talk or move their heads.

Is it worse than during the Somoza era?

Yes, much worse economically because I believe that not even in the time of Somoza did ... the poor people of the country ever have a hunger crisis as intense as they are experiencing now. I was very young but I remember the time of Somoza. I remember a lot and I believe that I've never seen a situation like this. There is so much corruption and crime at government levels. I don't know how the world doesn't see it, doesn't get it, and still Nicaragua continues in this way. And we are going to continue until who knows when, because I don't know how much power that man [Alemán*] has....

bien bonita en los tres hospitales donde estuve. En Apanás no querían que me viniera cuando me trasladaron. Las enfermeras, los pacientes, me llamaban "el psicólogo" y toda la vaina, porque yo era el que ayudaba a mantener a los pacientes tranquilos y en calma. Entonces nadie quería que me viniera. Todo el mundo llorando y fue algo bien impresionante, que a la vez me ayudó a mí a agarrar más carácter, más fuerza. Ya cuando llegué al Aldo [Hospital de Rehabilitación Aldo Chavarría], llegué sin cicatriz, sin dolor. Eso es lo más horrible, la primera etapa pues, que es la cicatrización de las heridas, la aceptación del problema como tal de la discapacidad. [...] Si uno sobrevive la primera etapa, ya el resto es "pan comido", como decimos nosotros.

¿Qué piensa ahora? Estuvimos aquí en los ochenta y había una esperanza increíble, una lucha por una nueva sociedad en Nicaragua. Y ahora, después de la elección de 1990, ¿cree que todo fue por nada?

¿Que estamos peor que antes de la guerra? Así es, yo creo que eso es lo que es más lógico de pensar. Me duele mucho porque yo soy parte viviente de las consecuencias de la lucha por vivir tranquilo, por tener una sociedad rica, bonita.

Desgraciadamente fue en falso todo porque hoy estamos peor que antes de la guerra [del Triunfo] del 79. Yo sé que estamos peor, y es triste porque hay tantos jóvenes muertos. Al menos yo estoy dando un testimonio, pero tantos jóvenes muertos que no pueden dar sus testimonios. Debe ser triste para sus familias. Y es triste para todos nosotros porque la verdad es que yo dejé mis piernas ahí y no soy sólo yo. Somos miles de gente que quedamos así. Y hay otra gente que está en peor estado que yo. Hay gente que quedó peor, gente con problemas mentales, gente que quedó cuadriplégica, con costo pueden hablar o mover la cabeza.

¿Y es peor que durante el Somocismo?

Sí, mucho peor económicamente porque yo creo que ni en el tiempo de Somoza se había vivido, [...] la gente pobre del país, una crisis tan fuerte de hambre como la que se está viviendo ahora. Yo estaba bastante joven pero me acuerdo del tiempo de Somoza. Me acuerdo bastante y yo creo que nunca había visto una situación como ésta. Tanta vulgaridad en lo que a delincuencia se refiere a niveles de gobierno. Yo no sé cómo el mundo no mira, no capta y Nicaragua sigue allí y vamos a seguir quién sabe hasta dónde, porque no sé cuánto poder tiene este señor [Alemán*]. [...]

* Arnoldo Alemán, president from 1997 to 2002, was convicted of corruption in 2002, but continued to lead the PLC (Constitutional Liberal Party).

* Arnoldo Alemán, presidente desde 1997 hasta 2002, fue convicto por corrupción en 2002, pero siguió encabezando el PLC (Partido Liberal Constitucionalista).

FÉLIX PEDRO ESPINALES VÁSQUEZ

It's sad—coming back to our situation—to have to say these things that I am talking about, when we could have a better standard of living, because that was what the Sandinistas wanted for the people: [a higher] standard of living for the majority. And it [failed], all because of a larger political force, because wherever the U.S. sticks its nose, unfortunately, well . . .

But, at least, the consciousness of the people changed a little in the eighties. Weren't there some gains?

The gains were very, very big, don't doubt it. Yes, it taught the people how to fight for their rights, and the best thing is that we learned to fight in another way, not necessarily with a gun in our hand.

[2010 update: The Sandinista government raised René's pension from 400 córdobas (US$20) to 3000 córdobas (US$150) per month. He plans to rent an apartment closer to downtown where the flat terrain will give him more mobility.—Ed.]

     ★   ★   ★

Es triste —volviendo a lo de nosotros— tener que relatar esto que les estoy diciendo, cuando bien podría estar en un mejor nivel de vida, porque los sandinistas, eso era lo que querían para el pueblo: [un mejor] nivel de vida para la mayoría. Y [fracasó], todo por una política de fuerza mayor, porque los Estados Unidos, dondequiera que metan sus narices, desgraciadamente, pues...

Pero, por lo menos se cambió un poco la conciencia, en los ochenta. ¿No hubo algunos logros?

Bastante, bastante grande es el logro, no lo creas. Se le enseñó al pueblo a pelear por sus derechos, y lo mejor es que ya aprendimos a pelear de otra manera, ya no necesariamente con un fusil en la mano.

[Actualización de 2010: El gobierno sandinista aumentó la pensión de René de 400 córdobas (US$20) a 3000 córdobas (US$150) al mes. Tiene planes de alquilar un apartamento más cerca del centro donde el terreno es más plano y le facilitaría la movilidad.—n. del e.]

     ★   ★   ★

November 21, 2002
Jalapa

How was your life before the triumph of the revolution?

I remember I had little awareness because our marginalization denied us the freedom to express ourselves. Also, I grew up in a life of illiteracy . . . because in those times the only ones who studied or got educated were the people who had money. I grew up on a mountain as a farmer, marginalized, lacking direction, in a life of misery.

I participated in three elections [before the eighties], yes, elections for the president and a member of the assembly, and I didn't know what a political party was. Nor did I know what Nicaragua was. I would go to register, I would go to vote, but I didn't even know who was being elected or what I was doing, because I had no understanding of the purpose of this election or what we were voting for, because a dictatorship existed. We all know that Somocismo [the government of Somoza] was a dictatorship. . . .

My mother was a cook for Sandino's troops. When Sandino's war started in 1927 against the Yankee invasion, my mother was eight years old. . . . Under Sandinismo [the Sandinista Revolution] it was indeed

21 de noviembre de 2002
Jalapa

¿Cómo era su vida antes del triunfo de la revolución?

Yo recuerdo que tenía poca experiencia porque había una marginación donde no había una libertad como expresarse. Inclusive yo me crié en una vida analfabeta [...] porque en esos tiempos sólo estudiaba, se preparaba el que tenía dinero. Yo me crié en una montaña como un campesino, marginado, a la deriva, en una vida de miseria.

Yo participé en tres elecciones [antes de los ochenta], sí, elecciones para presidente y diputado que yo no sabía ni qué cosa era un partido político. Tampoco sabía ni lo que era Nicaragua. Yo me iba a inscribir, me iba a votar, pero yo no sabía lo que estaba eligiendo ni lo que estaba haciendo, porque no había una claridad de cuál era el propósito de esta elección, qué era lo que estábamos eligiendo, porque era una dictadura. Todos conocemos que el Somocismo fue una dictadura. [...]

Mi mamá fue cocinera de las tropas de Sandino. Cuando se inició la guerra de Sandino en 1927 contra la intervención yanqui, mi mamá tenía ocho años. [...] Cuando el sandinismo, sí, fue duro, o sea, en otros aspectos empezamos a despertarnos y empezamos a

difficult; on the other hand, we began to wake up and we began to comprehend what Nicaragua was, that we were Nicaraguans. Nicaragua is my mother land. After my mother who gave me life, Nicaragua is my territory and my country. I love it.

I began to move around to different places and to realize how beautiful Nicaragua is. Nicaragua is rich, but others have taken our riches away. Why? Because our government, in so many words, has betrayed the country. They have sold out; they have traded away our national sovereignty. They have handed it over, sold it, to other powers....

What do you think of the role of the U.S. in the Contra War?

In the eighties there was Mr. George [H.W.] Bush and there was Ronald Reagan. They were the ones who financed and started the whole war and an economic blockade against our country, only because the Sandinistas had triumphed, only because they took away their man in power here, the Somozas.... In wars it is always those of us who are not guilty who have to pay....

We didn't set out to make war against the *contras*. We were in Nicaragua, and what we had to do was defend ourselves. We were obligated to grab a weapon just as if someone comes here and comes

darnos cuenta qué era Nicaragua, qué somos los nicaragüenses. Nicaragua es mi Madre Patria. Después de la mamá que me dio a luz, Nicaragua es mi territorio, es mi patria. Yo la amo.

Empecé a moverme por diferentes lugares y a conocer qué linda es Nicaragua. Nicaragua es rica, pero nuestra riqueza se la han llevado otros. ¿Por qué? Porque nuestro gobierno, en otras palabras, ha sido vendepatria, ha vendido, ha negociado nuestra soberanía nacional. Se la han entregado, la han vendido a otras potencias. [...]

¿Qué piensa del papel que ha desarrollado el gobierno de los EE.UU. en la guerra de los contras?

Cuando los ochenta, estaba el señor George [H.W.] Bush y estaba Ronald Reagan. Fueron los que financiaron y empujaron toda la guerra y un bloqueo económico en contra de nuestro país, sólo porque habían triunfado los sandinistas, sólo porque habían quitado a su amo que tenían aquí, los Somozas. [...] Que siempre en las guerras pagamos los que no somos culpables. [...]

Nosotros no le fuimos a hacer la guerra a la contra. Nosotros estábamos en Nicaragua y lo que hacíamos era defender. Obligadamente teníamos que agarrar un arma como que si alguien viene aquí y viene tratándome de agredir en mi propia casa. Yo estoy obli-

trying to attack me in my own home. I'm obligated to grab that machete and find a way to defend myself because I'm in my home....

The gringo is clever. He never likes to confront war himself, instead he comes and manipulates people, creates an opposition, exactly like what happened with the *contras*....

I don't believe that even there in the U.S everyone is a millionaire, multimillionare.... I imagine there are people who are almost the same as us, veterans of war. And if we go to see the rural people in the mountains of the U.S., I believe we will find people exactly like us. Why not invest those millions of dollars that they are going to invest in that war [in Iraq], why not invest them in those poor farmers?

gado a agarrar aquel machete y buscar cómo defenderme porque estoy en mi casa. [...]

El gringo es activo. Nunca le gusta enfrentar a la guerra a sus propias personas, sino que ellos vienen y forman del mismo pueblo, forman el contrario, justamente como sucedió con la contra. [...]

Yo no creo que en los mismos Estados Unidos todos sean millonarios, archimillonarios. [...] Yo me imagino que también hay personas casi igual a nosotros, veteranos de guerra. Y si vemos a los campesinos de las montañas de los Estados Unidos yo creo que encontramos personas igualitas que nosotros. ¿Por qué no invertir esos millones de dólares que van a invertir en esa guerra [de Irak], por qué no invertirlos en esos pobres campesinos?

[2002]

Félix Pedro in front of his home. Jalapa.

Félix Pedro enfrente de su casa. Jalapa.

April 19, 2005
Jalapa

What happened here in your home? [He had previously mentioned a robbery.]

That was money [2,000 córdobas = US$125.00] that was sent to me, I don't know what that organization is called.... That was when I bought some items, including a set of plastic chairs [four], a Sony four-band battery/AC-powered radio, clothing, and some silverware. It was on the morning of Easter Sunday when thieves entered here and took my things. The robbery amounts to things worth approximately 1,100 córdobas.... The way I see it, perhaps I don't curse them, because it is bad to curse; no, better yet, may God bless them. They may have needed those things more than I do.

★ ★ ★

19 de abril de 2005
Jalapa

¿Qué pasó aquí en su casa? [Previamente había mencionado un robo.]

Eso fue un dinero [2,000 córdobas = US$125.00] que me envió —no sé cómo se llama esa organización. [...] Fue cuando compré unos artículos allá, incluyendo un juego de sillas de plástico [cuatro], un radio Sony de cuatro bandas de batería y corriente, y ropa y unos trastes de plata. Fue al amanecer del Domingo de Gloria cuando se introdujeron unos ladrones aquí y cargaron con mis cosas. El robo asciende aproximadamente a unos 1.100 córdobas de cosas. [...] Veo yo que tal vez, que no los maldigo porque es malo maldecir, no, que más bien que Dios les bendiga. Quizás las necesitaban ellos más que mí.

★ ★ ★

CRISTINA BORGE DÍAZ

December 24, 2002
Bocana de Paiwas

Would you like to share what happened to you in Guayabo?

What happened to me was terrible, very sad and, well, for me to remember is somewhat sad, you know? It is difficult because some-

24 de diciembre de 2002
Bocana de Paiwas

¿Quisiera compartir lo que le sucedió en Guayabo?

Lo que me pasó fue muy terrible, muy triste y bueno, para mí recordar es algo triste, ¿verdad? Y es difícil porque algo así me toca

thing like that affects me so much, right? But I'm going to tell you what I can.

What I remember is that they [the *contras*] arrived at my aunt's house. After they arrived they burned her house and they asked my aunt if I was her daughter, and she said yes. They were looking for her to kill her, you know, so they raped her, they killed her and a fourteen-year-old cousin of mine was also raped. They sent me to a woman who would take care of me, but I didn't find her. I was walking directly to my father's house and when I was going down a hill, they saw me, and an armed man told the other man to shoot me.... I fell face down in a puddle because there had been a rainstorm. I fell down and I felt the fire here, a fire in my back where they shot me, that bullet that entered and came out here in my chest.... I was touching my chest and it was boiling as if it were pulsating, you know, a bloody foam.... I felt a big fire and after that I didn't know anything at all....

When I came to I was very thirsty, I wanted water, I wanted water so much and since the rainstorm had passed by, I drank water from a puddle because my thirst was unbearable. There were some puddles in the cow tracks so I gulped water from there....

Some other wounded women passed by, one shot here in the

bastante, ¿verdad?, pero voy a hablar lo que pueda.

Lo que recuerdo es que ellos [los contras] llegaron a casa donde la tía mía. Después que ellos llegaron, le quemaron la casa y ellos le preguntaron a mi tía que si yo era hija de ella y ella dijo que sí era hija de ella. A ella la buscaban para matarla, ¿verdad?, entonces a ella la violaron, la mataron a mi tía, y a una prima mía de catorce años también la violaron. A mí me mandaron para donde una señora que me iba a cuidar a mí, pero no encontré a la mujer. Yo iba caminando, yo iba directo a la casa de mi papá y cuando yo iba bajando, me miraron y entonces le dijo un hombre que estaba armado, le dijo al otro que me tirara [disparara]. [...] Yo me embroqué [me caí boca abajo] en un charco ya porque estaba un aguacero, me embroqué y cuando yo sentí el fuegazo aquí, un fuegazo en la espalda donde fue el balazo, ese fue el que entró y salió aquí en el pecho. [...] Me tocaba aquí [en el pecho] y esto me hervía, así como que me popiaba [palpitaba], ¿verdad?, un espumarajo de sangre. [...] Yo sentí un fuegazo grande y después de ahí no supe el resto. [...]

Cuando yo me recordé [me desperté] estaba con mucha sed, yo quería agua, yo quería agua bastante y como había pasado el aguacero, yo tomaba agua del charco porque no soportaba la sed.

arm, and with a bunch of children, pulling them down the gully toward where my father lived. They notified him that I was dead.... They say that they touched me and wanted to take me, but they didn't do anything because I was "already dead."

When my father arrived it was five in the afternoon.... He says to me, "Are you alive, child?" "Yes," I said, but just barely. I couldn't speak well, you know. Well, from then on I hardly remember anything. He grabbed me and sat down on the hillside and put me face down on his knees, and I began to vomit mud, mud and everything I had swallowed. After that he put me on his shoulder and left for the house.... I was getting desperate because my hand was starting to hurt; my head was beginning to hurt. It had been seven hours [since I was shot] and I was so thirsty I wanted to drink a whole river....

The house was far away. We had to go down and up and down and up and then we went down to a river and he held me and gave me some water with a leaf ... and we continued walking to my mother's. My mother was desperate because she was waiting to bury me. When she sees my father who was climbing up to the house, they realized that I'm alive because I'm holding my head up....

Había unos pocitos así de los rastros de las vacas, entonces yo ahí tragaba agua. [...]

Habían pasado otras mujeres que iban tiradas, una tirada aquí en el brazo y con un montón de chiquitos de arrastrones [al arrastre] ya guindo [barranco] abajo para donde vivía mi papá. Ellas avisaron a mi papá que yo ahí estaba muerta. [...] Dicen que ellas me tocaron y me quisieron arrastrar, pero ya no hicieron nada porque yo "estaba muerta".

Cuando mi papá llegó eran las cinco de la tarde. [...] Me dice: "¿Aquí estás, hija?" "Sí", le dije yo, pero pasitito [en voz baja]. Yo no podía hablar bien, ¿verdad? Bueno, ahí casi no me acuerdo. Él me agarró y me embrocó aquí en las piernas, se sentó él en el monte y comencé a vomitar lodo, lodo y todo lo que había tragado. Después, él me agarró en el hombro y se me jaló para la casa. [...] Yo iba como desesperada, porque ya empezaba a dolerme la mano, me empezaba a doler la cabeza. Ya tenía siete horas [desde que fui herida] y una sed que yo deseaba como tragarme un río grande. [...]

La casa era larga [distancia]. Había que bajar, subir, bajar, subir y después bajábamos a un río y me agarró él y me dio agua con una hoja […] y seguimos caminando a [donde] mi mamá. Mi mamá estaba desesperada porque ella me esperaba ya muerta para enterrarme.

When I arrive home I say to my mother, I asked her, "Give me water, give me water," and my mother says, "I won't give you water, I'll give you black coffee," and I remember that she got me a cup of black coffee. I remember that as if it were right now....

There were other women there who were fleeing with all the children.... This one [looking at her drawing on page 144] who is dead with his head there on the fence, is my cousin. He had left two children, three; two older ones and one breast-feeding and they had killed the mother and the father, and the baby was inconsolable wanting to nurse. I heard that crying and that noise and everything, ow-w-w!...

Later . . . my father and mother say, "I'm not staying here at home because they said they would return to kill the rest of the family"—my mother was the sister of my dead uncles. So my mother says, "I won't wait here because I don't want to die. It would be better to flee to the mountains, better we go," and my mother was pregnant, and all the younger ones. She hid the older girls because of the fear they would be raped because [the *contras*] were going around raping. Then around one in the morning my father wrapped me in blankets and a tarp on top and we fled....

We arrived at where my mother's godparents lived and . . .

Cuando va mirando a mi papá que ya va subiendo y va para caer [llegar] a la casa, me vieron que yo voy viva porque llevo levantada la cabeza. [...]

Cuando llego a la casa le digo a mi mamá, le dije: "Déme agua, déme agua" y mi mamá me dice: "No te voy a dar agua, te voy a dar café amargo", y yo recuerdo que ella me sacó una taza de café amargo, me acuerdo de eso como ahorita. [...]

Había otras mujeres ahí, las que iban huyendo con todos los chiquitos. [...] Éste [mirando al dibujo que se ve en la página 144] que está muerto con la cabeza en el alambre ahí, ése es primo mío. Había dejado dos chiquitos, tres; dos grandecitos y uno de pecho, y habían matado a la mamá y al papá y el chiquito ya estaba insoportable, que quería el pecho. Yo oía esa lloradera y esa bulla y todo, ay-y-y! [...]

Después, [...] dicen mi papá y mi mamá: "Yo no me quedo aquí en la casa porque ellos dijeron que volverían a matar al resto de la familia" —mi mamá era la hermana de mis tíos muertos. Entonces dice mi mamá: "Yo aquí no los espero porque yo no quiero morirme. Mejor huyamos a la montaña, vamos a huir mejor", y mi mamá embarazada, todos los otros más chiquitos. Las muchachas grandes las escondió porque tenía miedo que se las violaran, porque ellos [los contras] andaban violando. Entonces como a la una de la

the wife didn't want to let us stay. "I don't get involved in other people's business so they leave me alone," she says, "and we haven't gotten involved with anyone, right?" Then my mother's godfather told her, "No, they will stay here because this child is gravely ill and if she is going to die in the mountains, better she stays here and if they come here, then we all die."...

I couldn't stand the pain, and what my sister would do was pour gasoline on me because it alleviated my pain.... I was very afraid of the maggots that were crawling out....

I remember I looked at everyone, at my mother, at my siblings, all crying, and they were placing a little crucifix here, saying their goodbyes because I was dying and the only one I was able to see was my mother who said, "My daughter is dying." This is what I heard, then I fainted. From that point I didn't remember anything for a while and when I came to, my father was praying to the Lord to accompany me and all that, and giving me the last rites.... [After eight days, Cristina and her family returned home.—Ed.]

Fourteen days later [after the attack], Jim, the priest from Paiwas, arrived ... and I saw a tall gringo and people around carrying weapons and I didn't like that at all.... "I don't want anyone to

madrugada ya mi papá me envolvió en cobijas y en una carpa encima y salimos huyendo. [...]

Llegamos donde una señora, unos padrinos de mi mamá y [...] la esposa de él no nos quería dar posada porque dijo ella: "Yo no me meto ni con Pedro ni con Juan para que conmigo no se metan", dice, "y nosotros no nos estamos metiendo con nadie, ¿verdad?". Y entonces el padrino de mi mamá le dijo: "No, aquí se quedan porque esta niña va grave y para que se le vaya a morir a la montaña, mejor que se quede aquí y si ellos vienen aquí, vamos a morir todos". [...]

Yo no soportaba el dolor y mi hermana lo que hacía era echarme gasolina porque me amortiguaba el dolor. [...] Yo les tenía mucho miedo a unos gusanos que se me subían. [...]

Yo me acuerdo que miré a todos, a mi mamá, a mis hermanos llorando, y me estaban poniendo un crucifijito aquí, ya despidiéndose porque yo ya estaba como atacándome [muriéndome] y yo, lo único que logré fue ver a mi mamá que dijo: "Se muere mi niña". Yo así oí y después se me fue. Hasta ahí no me acuerdo un buen rato y cuando yo volví, mi papá rezando y oraba que el Señor me acompañara y todo eso y echándome las últimas bendiciones. [...] [Después de ocho días, Cristina y su familia volvieron a su casa.—n. del e.]

A los catorce días [después del ataque] llegó Jaime, el sacerdote de Paiwas [...] y voy viendo a un gringo

come," I said. I didn't want to see weapons.... He [Father Jim] said, in a kind voice, that they should take me away.... He told [my father] not to worry because he was going to cover the cost of transportation and everything ... that he [my father] should decide to come with me because they didn't know if I would make it because I had so many bullet wounds. So someone had to go with me and my mother was pregnant, my father had to look after everyone, and all the children were small, and [on top of that] he had a very large farm he would lose, planted with rice, everything that he had planted. But right then he decided to go with me because he loved me.... It was a big risk because, as you know, leaving a pregnant woman and a bunch of small children isn't a small thing.

I didn't want anyone in my family to leave me, and the only thing I said was, "If my father goes, I go; if he doesn't, I don't." So my father says, "Yes, I'm going to have to go." He got our change of clothes ready and around one in the morning we left on horseback. He was holding me in front of him. My mother was crying uncontrollably....

You know how far it is and how bad the trails are in the winter [rainy season].... I remember that well. When we arrived at Bocana de Siquia a boat was

grande y miré a una gente que andaban ahí armados y no me gustó para nada. [...] "Yo no deseo que venga nadie", le digo. No quería ver cosas de armas. [...] Él [Padre Jaime] hablaba bien bonito y dijo que me sacaran. [...] Le dijo él [a mi papá] que no se preocupara que él le daba los pasajes y que él le daba todo [...] que se decidiera a venirse conmigo, porque no sabían hasta dónde iba a llegar porque eran tantos los balazos que tenía que ir alguien conmigo, y entonces mi mamá embarazada, mi papá tenía que ver por todos, todos los muchachos que estaban pequeños, ¿verdad?, y [aparte de eso], tenía una huerta grandísima que se perdería, arroz sembrado, todo tenía sembrado él. Pero ahí él lo decidió, por amor a mí, para llevarme. [...] Fue un riesgo grande, porque usted sabe, quedar una mujer embarazada y con un montón de chiquitos, no es jugando.

Yo no quería que me dejara nadie de mi familia y yo lo único que dije: "Si va mi papá, voy yo, si no, no voy", y entonces dice mi papá: "Sí, voy a tener que ir". Alistó su mudadita y mi ropita y como a la una de la madrugada salimos a caballo, él atrás y me llevaba montada por delante a mí. Mi mamá quedó llorando afligidísima. [...]

Usted sabe que el camino era largo y era invierno [época lluviosa] y los caminos eran malísimos. [...] Yo de eso me acuerdo bien. Cuando llegamos a Bocana de Siquia nos estaba esperando un bote. Cuando

waiting for us. They sent the horses back and put me in the motorboat [a dugout with a small outboard] headed for Bocana de Paiwas.

There they took me to the health center and then they unwrapped me and washed me, but there were so many blood clots that they washed off and the pain was so terrible that I wished I hadn't come at all. I heard them say, "We are going to take her by car to Río Blanco."... Then, right away, an ambulance took me to Río Blanco [forty-five minutes on a rough road] and in Río Blanco they put me back in the hospital, they washed me again, washing away the clots, and the pain was unbearable. They injected me and gave me an I.V. and put me on a

llegamos ahí, mandaron las bestias para atrás y me montaron en el bote de motor [una piragua con un pequeño motor fuera de borda] a Bocana de Paiwas.

De ahí me llevaron al centro de salud y después me desenvolvieron y me lavaron, pero eran sangrales que me arrancaban así lavándome y era un dolor terrible, que yo deseaba mejor no haber venido nadita. Yo oí que dijeron: "La vamos a sacar en carro para Río Blanco". [...] Después ahí nomasito una ambulancia va a dar a Río Blanco [cuarenta y cinco minutos en un camino escabroso] y en Río Blanco me metieron al hospital de vuelta, me volvieron a lavar, me arrancaban aquellos sangrales, y aquel dolor que era insoportable. Ahí me inyectaron y ya me pusieron suero y me

cot.... [After another six or eight hours in the ambulance, Cristina arrived in Managua.—Ed.]

Eight days later Father Jim came to see me.... It was a miracle of the Lord. I thank God so much because it's because of Him that I'm alive, and yes, I'm so grateful for Jim's help. When I see him I get so emotional that I don't have the courage to talk to him.... I don't know how to thank him. That is the truth. I don't know how to thank him because if it hadn't been for him, who knows?

[Cristina stayed twenty-eight days in the Managua hospital. She returned to her home in the district of Guayabo to greet her new sister, born when she was in the hospital. Eight months later, the whole family had to flee to the relative security of Bocana de Paiwas.—Ed.]

What do you feel toward the contras who did the killings?

Look, I don't feel resentment in my heart, I don't feel anything like that, but what I feel is sadness and I say, why were these people so unjust? And I was innocent. That is what I think.

acostaron en una camilla. [...] [Después de otras seis u ocho horas en la ambulancia, Cristina llegó a Managua.—n. del e.]

Como a los ocho días llegó el Padre Jaime a verme. [...] Fue un milagro del Señor. Yo le agradezco mucho a Dios porque fue por Él que estoy viva, sí, y la ayuda de Jaime se la agradezco mucho, que cuando lo veo me emociono tanto que no tengo valor de hablarle. [...] No entiendo, no hallo cómo agradecerle. Esa es la verdad, que no hallo cómo agradecerle porque si no hubiera sido por él, a saber.

[Cristina permaneció veintiocho días en el hospital, en Managua. Volvió a su casa en la comarca de Guayabo para saludar a su nueva hermanita, nacida cuando ella estaba en el hospital. Después de ocho meses, toda la familia tuvo que huir a la relativa seguridad de Bocana de Paiwas.—n. del e.]

¿Qué siente hacia los contras que hicieron la matanza?

Vea, no me siento con rencor en mi corazón, no siento nada de eso, sino que lo que me da es tristeza y digo yo: ¿por qué esta gente fue tan injusta? Y yo era inocente. Eso es lo que yo pienso.

★   ★   ★   ★   ★   ★

[1985]

Father Jim Feltz, age 47, leaving to visit his chapels in the mountains. Bocana de Paiwas.

Padre Jaime Feltz, de 47 años, saliendo a sus capillas en la montaña. Bocana de Paiwas.

GRACIELA MORALES CASTILLO

March 25, 2007
Heredia, Costa Rica

We come from a family of farm workers, a very, very poor family.... My father, a farmer, a man who worked the land; my mother, a housewife, with only a rudimentary education. I come from a family of eight children— five sisters and three brothers.

I believe that precisely as a result of coming from this poor class, one lives more directly the consequences of the government's political injustices since their policies further deepen the poverty. It is only natural for someone who comes from such roots to feel the need for change in one's living conditions, to do something to get ahead.

I grew up well before my years because I had already suffered many consequences of the war [against Somoza]. My sister, who currently is in the military, went off with the [Sandinista] guerrillas.... We were deeply affected by the fact that she had to leave in secret, and seeing my mother's anguish in not knowing anything of her whereabouts—but at the same time, we developed a sense of solidarity, of support for her.... Happily, she came back from the mountains alive....

In July 1979 [the triumph of the revolution] I was twelve years old. Immediately after the triumph,

the National Literacy Campaign was launched. That was my first personal decision to get involved in the revolutionary project.... I went to teach in a place near Diriamba that was called San Carlos, from Diriamba well into the mountains, a rural community, very rural, for five months, the length of the Campaign.

In reality, they [my parents] weren't in agreement but ... they understood very well.... It was a personal decision. It was the excitement of the revolution and precisely as a result of having grown up in the time of the dictatorship, I believe we learned to mature at a young age. I was twelve years old but I believe my decision was made very independently.... All my brothers and sisters and I left to teach reading and writing....

Then the Contra War began, and by this time young people were already taking on a different role. I began to have a political life. That is to say, I was a militant in the Sandinista Youth. I became involved in all the youth activities and when the war against the *contras* clearly became a reality, a military service for the young people was organized. Many women entered into the military service voluntarily, because it was not mandatory for us. The Sandinista Youth organized combat battalions and I fought in the war for two years....

25 de marzo de 2007
Heredia, Costa Rica

Nosotros venimos de una familia campesina, una familia muy, muy humilde. [...] Mi papá, campesino, trabajador de la tierra; mi mamá, ama de casa, con una educación muy básica. Vengo de una familia de ocho hermanos —cinco mujeres y tres varones.

Creo que precisamente por venir de esta clase pobre, uno vive más directamente las consecuencias de las injusticias políticas de los gobiernos, porque son políticas que nos sumen más en la pobreza. Es como natural que, viniendo de estas raíces pues, uno sienta la necesidad de cambiar su condición de vida, de hacer algo para salir adelante.

Yo era bastante madura para la edad que tenía porque ya había vivido muchas consecuencias de la guerra [contra Somoza]. Mi hermana, que es actualmente militar, se había ido a las guerrillas [sandinistas]. [...] Nos marcó muchísimo el hecho de que ella se tuvo que ir clandestinamente, ver sufrir a mi mamá que no sabía nada de ella, pero uno también se creó como una conciencia de respaldo, de apoyo para ella. [...] Felizmente, regresó viva de la montaña. [...]

En julio de 1979 [para el triunfo de la revolución] yo tenía doce años. Inmediatamente después

del triunfo se vino la Cruzada Nacional de Alfabetización. Esa fue mi primera decisión personal de involucrarme en el proyecto de la revolución. [...] Me fui a alfabetizar a un lugar por Diriamba que se llamaba San Carlos, de Diriamba hacia adentro, una comunidad rural, muy rural, por cinco meses, el tiempo que duró la Cruzada.

En realidad, [mis padres] no estaban de acuerdo pero [...] lo entendieron muy bien. [...] Fue una decisión personal. Era la efervescencia de la revolución y precisamente por haber crecido en una época de dictadura, yo creo que aprendimos a madurar muy jóvenes. Tenía doce años de edad pero yo creo que era muy independiente en mi decisión. [...] Todos mis hermanos y yo nos fuimos a alfabetizar. [...]

Después empezó la guerra de los contras y ya en esa etapa vino un rol diferente de los jóvenes. Yo empecé a tener una vida política. Digamos, era militante en la Juventud Sandinista. Me involucré en todas las actividades juveniles y cuando ya se hizo evidente la guerra con la contra, se formó el servicio militar para los jóvenes. Muchas mujeres hicimos el servicio militar voluntariamente porque no estábamos obligadas. La Juventud Sandinista organizó batallones para ir a combatir y yo estuve dos años

Now that I am an adult and a mother and have a twelve-year-old daughter and I compare my daughter's childhood with my own, I realize all that I lost. That's because we did not have a childhood; we were not children. I look at my little girl, so innocent, so very small, and there I was at the age of fourteen going around with a rifle.

I consider myself fortunate not to have suffered the consequences like you have there in your photos.... Today we have no physical scars on the outside ... but, yes, it was an experience that would have left its mark on any human being. War is something no one should ever have to face. It is very difficult to have to decide between your own life and the life of another and, at the same time, to have to be making those decisions at so young an age.

One remains with the question of what would have happened to the Nicaraguan revolutionary project if there had not been such an aggressive war policy on the part of the United States. That is the question that will always be with us, because even though Somoza was defeated, the situation in the country did not change at all. The people are still mired in misery, in poverty.

The war with the *contras* bled us to death. Fifty thousand young people died in that era.... And the *contras* were also Nicaraguans,

combatiendo en la guerra. [...]

Ahora que soy adulta y soy madre y tengo una hija de doce años y comparo la niñez de mi hija con la mía, y me doy cuenta de todo lo que me perdí. Porque no tuvimos niñez, o sea, no fuimos niños. Veo a mi niña tan inocente, tan chiquitita y yo a los catorce años andaba con un fusil.

Puedo llamarme afortunada que no tengo secuelas como las que usted tiene ahí en sus fotos. [...] Aquí estamos ahora sin cicatrices físicas afuera [...] pero sí, fue una experiencia que marca la vida de cualquier ser humano. La guerra es algo que nadie debería enfrentar. Es muy duro tener que decidir entre la vida tuya o la vida de otro, y a la vez tan jóvenes tener que estar tomando esas decisiones.

Uno se queda con la duda de qué habría pasado con el proyecto de la revolución en Nicaragua si no hubiera habido una política tan agresiva de guerra de los Estados Unidos. Esa es la interrogante que todos vamos a tener siempre porque a pesar de que se derrotó a Somoza, la situación en el país no cambió en lo absoluto. La gente sigue sumida en la miseria, en la pobreza.

La guerra con la contra nos desangró. Fueron cincuenta mil jóvenes que murieron en esa etapa. [...] Y los contras eran también nicaragüenses, muchos

[1985]
Immunization program implemented by the Sandinistas. Walanita, northeast of Río Blanco.

Campaña de inmunización implementada por los sandinistas. Walanita, noreste de Río Blanco.

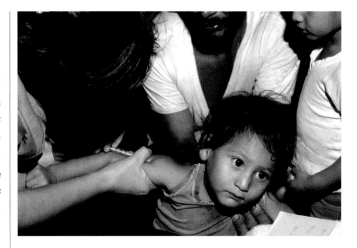

and they armed many peasants as well. Consequently, the people found themselves fighting against each other. That was very, very sad—families broken apart, kidnappings....

In 1985 I began to study medicine in Managua in the UNAN [National Autonomous University of Nicaragua]. I studied medicine and was a student leader. We had groups of medical students who formed medical brigades as part of the BLI, the Irregular Fighting Battalions.... We formed volunteer brigades that periodically went [to the front]. Every December we would go to harvest coffee in the cooperatives because it was the social commitment for us, the young people who were having access to an education, to contribute something in the rural areas.

I am convinced, coming from

campesinos también que fueron armados. Entonces fue el pueblo enfrentándose con el mismo pueblo. Eso fue muy, muy triste —familias desintegradas, secuestros. [...]

En 1985 empecé a estudiar medicina en Managua en la UNAN [Universidad Nacional Autónoma de Nicaragua]. Estudié medicina y era dirigente estudiantil. Teníamos grupos de estudiantes de medicina que iban a hacer brigadas sanitarias a los BLI, a los Batallones de Lucha Irregular. [...] Formábamos brigadas voluntarias que iban cada cierto tiempo [a la zona conflictiva]. Íbamos todos los diciembres a cortar café a las cooperativas porque era el compromiso social de los jóvenes que estábamos teniendo acceso a la educación, a contribuir con algo en el campo.

my particular background, if there had not been a revolution I would not be a doctor today. In fact, we broke the medical paradigm when we arrived at the university and came face-to-face with all those professors dressed in white, wearing white shoes.... They looked down their noses at us because here we were the children of peasants, studying medicine in the university. I am totally convinced that if there had not been that political process—the revolution in Nicaragua—I would now be a peasant myself, perhaps the mother of five or six little kids, working in the field with my husband. It would have been very difficult for me to have succeeded in having a career, a profession, and to be what I am today.

Now I have my own opinions about how Sandinismo has currently changed. I am not in agreement with many of the things that are happening today. It's not the Sandinismo that we had all hoped for. There are many of us Sandinistas without a party who don't identify with what they have done with this project [the original dream of social change], for which so many people gave even a part of their body in order to have nothing so others could have too much. Don't you think so?

Yo estoy clara de que de los orígenes de donde yo vengo, si no hubiera habido una revolución yo no sería médico hoy en día. De hecho, nosotros fuimos a romper paradigmas en la medicina cuando llegamos a la universidad y nos enfrentamos a todos aquellos profesores vestidos de blanco, de zapatos blancos. [...] Nos miraban con rechazo porque éramos los hijos de los campesinos en la universidad estudiando medicina. Yo estoy muy consciente de que si no hubiera habido ese proceso político —esa revolución en Nicaragua— yo ahora sería una campesina, tal vez madre de unos cinco o seis hijitos, trabajando en el campo con mi marido. Pero muy difícilmente yo habría llegado a tener una carrera, una profesión y a ser lo que soy hoy en día.

Hoy en día yo tengo mis propios criterios en lo que se transformó el sandinismo actual. No comulgo con muchas de las cosas que existen hoy en día. No es el sandinismo que todos esperábamos. Habemos muchos sandinistas sin partido que no nos sentimos identificados con lo que han hecho de este proyecto [el sueño original de cambio social] por el que mucha gente entregó hasta parte de su cuerpo para no tener nada y para que otros tengan demasiado, ¿verdad?

★   ★   ★   ★   ★   ★

One remains with the question of what would have happened to the Nicaraguan revolutionary project if there had not been such an aggressive war policy on the part of the United States. That is the question that will always be with us...

— GRACIELA MORALES CASTILLO

Uno se queda con la duda de qué habría pasado con el proyecto de la revolución en Nicaragua si no hubiera habido una política tan agresiva de guerra de los Estados Unidos. Esa es la interrogante que todos vamos a tener siempre [...]

— GRACIELA MORALES CASTILLO

[1987]

Fishing downriver fr
Bocana de Paiwas
at Punta Plancha.

*Pescando río abajo
de Bocana de Paiwas
en Punta Plancha.*

Appendices

Apéndices

History
Historia

— MARK LESTER

[2002]

Mural depicting the historic struggle for sovereignty in Nicaragua. Central Avenue, Estelí.

Mural que representa la lucha histórica por la soberanía en Nicaragua. Avenida Central, Estelí.

In the Name of U.S. "National Security"
En nombre de "la doctrina de seguridad nacional" de los Estados Unidos de Norteamérica

THIS BOOK SHOWS ON A MICRO LEVEL BOTH THE LONG-TERM CONSEQUENCES IN THE LIVES OF THE NICARAGUAN VICTIMS OF THE "LOW-INTENSITY CONFLICT" (LIC) STRATEGY USED BY THE U.S. MILITARY IN CENTRAL AMERICA, AND THE INDOMITABLE HUMAN SPIRIT TO RISE UP FROM THAT DESTRUCTION. But it is also a foreshadowing of the tremendous challenges that the current wars in Iraq and Afghanistan are leaving behind for those societies.

The impact of this particular U.S. intervention is just one in a long history of U.S. involvements in Nicaragua, most often the result of dual internal/external dynamics. On the Nicaraguan side, one elite group (Conservatives) and another (Liberals) would invite sectors of the United States to join their side in their internal dispute for control over the country and its wealth. This fed into U.S. efforts to control world events to its benefit. Two brief examples are cited here to give the readers a sense of this dynamic, one for each side.

In the 1850s the Liberals were fighting a Conservative government in power, and invited a member of the Filibuster Movement in the United States, William Walker, to come down to fight on their side. Walker, receiving support from the Southern States by promising to turn Nicaragua into a slave state, came to Nicaragua, fought with the Liberals, and eventually defeated the Conservatives. He took the capital, Granada, declared himself president of Nicaragua, and made English the official language. He was later captured in northern Honduras by combined forces of Central America and was executed in Trujillo, Honduras.

On the Conservative side, in 1893 a Liberal president was elected, José Santos Zelaya, who began to negotiate with the United States over interoceanic canal rights through Nicaragua. When Zelaya also began to negotiate with the British, the United States invoked the Monroe Doctrine and began to arm a Conservative leader of the time, Adolfo Díaz, to overthrow the Zelaya government. After Zelaya executed a

ESTE LIBRO NOS MUESTRA A UN NIVEL MICRO, DOS ASPECTOS MUY IMPORTANTES PARA ENTENDER LA REALIDAD DE NICARAGUA: LAS CONSECUENCIAS EN LA VIDA DE LOS NICARAGÜENSES DE LA ESTRATEGIA DE "GUERRA DE BAJA INTENSIDAD" IMPULSADA POR LOS MILITARES NORTEAMERICANOS EN AMÉRICA CENTRAL Y EL ESPÍRITU INDOMABLE DE LOS SERES HUMANOS PARA SOBREPONERSE A LA DESTRUCCIÓN DE SUS VIDAS Y DE SU PUEBLO. Pero es además un presagio de los tremendos desafíos que las actuales guerras en Irak y Afganistán están dejando para sus sociedades.

El impacto que ha tenido esta particular intervención norteamericana, es sólo una más de la larga historia de participaciones que Estados Unidos ha tenido en Nicaragua, la cual ha sido a menudo el resultado de una dinámica interna/externa. Del lado nicaragüense, un grupo de elite (Conservadores) y otro (Liberales) atraía a sectores de los Estados Unidos a unirse a sus bandos en su disputa interna por el control del país y su riqueza. Esto alimentó en los Estados Unidos los esfuerzos por el control de los acontecimientos mundiales en su favor. Dos pequeños ejemplos están citados aquí para ofrecer a los lectores un sentido sobre esta dinámica, uno por cada lado.

El primer ejemplo nos lleva a los años 1850s cuando los Liberales estuvieron luchando contra un gobierno Conservador que estaba en el poder e invitaron a William Walker —un miembro del Movimiento de Filibusteros de los Estados Unidos— a luchar en su favor. Recibiendo el apoyo de los estados del Sur, y bajo promesa de convertir a Nicaragua en un estado esclavo, Walker fue a Nicaragua y luchó junto a los Liberales y con el tiempo derrotó a los Conservadores. Él tomó la capital, Granada, se proclamó a sí mismo como presidente de Nicaragua e impuso el inglés como lengua oficial. Más tarde, en el norte de Honduras, Walker fue capturado por fuerzas combinadas de América Central y fue ejecutado en la ciudad de Trujillo, Honduras.

commando unit of Díaz's that had attempted to blow up a government ship carrying five hundred soldiers, the United States threatened to invade unless Zelaya agreed to step down. Among the executed were two U.S. citizens who had come down to fight on the Conservative side. Zelaya did step down in response to Secretary of State Philander Knox's threat, and within a short period of time Díaz became president.

Augusto Sandino is known in Nicaraguan history for breaking with that dynamic. As a young sixteen-year-old boy he witnessed the U.S. Marines drag the body of a local hero and supporter of Zelaya, Benjamín Zeledón, through the streets of Masaya. Years later after hearing a drunken Mexican in a bar call Nicaraguans *vendepatrias*—people willing to sell out their country—he decided to return to Nicaragua to fight against the Conservative government imposed after the U.S. overthrow of Zelaya.

The Marines arrived in 1908, then came back in 1912 and stayed until 1933 (with the exception of 1925). Because the United States had helped start a Central Bank, it insisted on collecting the tariffs in Nicaragua's ports to ensure the repayment of this U.S. investment.

Sandino fought with the Liberals until the top Liberal general, José María Moncada, called him into peace talks in Tipitapa. There he learned that Moncada had worked out a deal with the U.S ambassador that granted him ten dollars for every rifle Moncada turned in, and that he would be "elected" the next president of Nicaragua. In response to this information Sandino took off into the hills and fought one of the first guerrilla wars in the Americas against the U.S. Marine presence. He called his troops "The Army of National Sovereignty."

The Marines finally withdrew in 1933, but before leaving trained what became known as the National Guard to provide "stability" to Nicaragua. The first National Guard director was Anastasio Somoza García. Within two years Somoza had Sandino and his top generals murdered after they participated in peace talks with President Juan Bautista Sacasa. He carried

Un segundo ejemplo nos muestra el lado Conservador. En 1893, un presidente Liberal fue electo, se trataba de José Santos Zelaya, quien empezó a negociar con los Estados Unidos los derechos de un canal inter-oceánico a través de Nicaragua. Cuando Zelaya además empezó a negociar con los británicos, los Estados Unidos invocaron la Doctrina Monroe y comenzaron a armar a Adolfo Díaz, un líder Conservador de ese tiempo, para derrocar al gobierno de Zelaya. Después de que Zelaya ejecutara a una unidad de comando de Díaz que había intentado hacer volar un barco del gobierno que portaba 500 soldados, Estados Unidos amenazó con invadir Nicaragua a no ser que Zelaya estuviera de acuerdo en dimitir. Entre los ejecutados había dos ciudadanos norteamericanos que habían estado combatiendo en el bando de los Conservadores. Finalmente, Zelaya dimitió en respuesta a las amenazas que el secretario de estado norteamericano Philander Knox le hiciera, y poco tiempo después Adolfo Díaz asumió el cargo de presidente.

Augusto Sandino es conocido en la historia de Nicaragua por haber roto esta dinámica. Siendo un joven de solo 16 años, él fue testigo de cómo los Marinos norteamericanos arrastraron el cuerpo del asesinado Benjamín Zeledón —un héroe local que apoyaba a Zelaya— a través de las calles de Masaya. Años después, tras escuchar a un mexicano borracho llamar a los nicaragüenses como "vendepatrias", él decidió retornar a Nicaragua para luchar en contra del gobierno Conservador impuesto por los Estados Unidos luego del derrocamiento de Zelaya.

Los Marines norteamericanos arribaron a Nicaragua en 1908, luego ellos volvieron el año 1912 y estuvieron ahí hasta 1933 (con la excepción del año 1925). Debido a que los Estados Unidos habían ayudado a empezar el Banco Central, estos insistieron en la recolección de aranceles aduaneros en los puertos de Nicaragua para asegurar el pago de las inversiones norteamericanas.

out a coup against that president (a cousin), and began a nearly forty-five-year dictatorship.

The Somoza family dictatorship did not end until the Sandinistas overthrew the third Somoza government on July 19, 1979. The United States supported the Somozas, so the Right in the United States and Latin America blamed the Carter administration for losing Nicaragua to the "communist block" because of its emphasis on human rights in his foreign policy (which led Carter to cut off military aid to Anastasio Somoza Debayle in March 1979). Responding to the cutoff of funds, the Argentinian military stepped in to fill the "gap" in the anticommunist struggle, and began to train the *contra* (counterrevolutionary) forces, officially off limits for U.S. CIA.

Meanwhile, in the eighties, tiny Nicaragua was elected to high posts in the Nonaligned Nations Movement by its peers (over one hundred countries), a recognition that Nicaragua was trying to chart an independent path from the two superpowers [U.S. and Soviet Union].

After Reagan was elected in 1980, support for the *contras* became official U.S. government policy. In a swing to the other extreme, human rights, international law and U.S. law were all trampled in the attempt to stop the spread of the revolution. As a result, in June 1986 the World Court issued a fourteen-point condemnation of the United States for "organizing, directing and financing the counterrevolutionary efforts," even after much pressure from the U.S. government on the judges to forestall their decision. A team that included the top international lawyers at Harvard and Oxford argued Nicaragua's side of the case.

In 1986 a U.S. plane providing supplies to the *contras* was shot down over Nicaragua, and documents in the plane linked the three passengers to then Vice President George H. W. Bush. Reagan was forced to name a special prosecutor to investigate what became known as the Iran-Contra scandal. Despite the fact that special prosecutor Lawrence Walsh

Sandino luchó con los Liberales hasta que el más alto general Liberal José María Moncada lo llamó a él para las negociaciones de paz en Tipitapa. Allí él se dio cuenta de que Moncada había hecho un trato con el embajador de los Estados Unidos, quién le garantizó el pago de diez dólares por cada rifle que Moncada devolviera y que de esta manera él podría ser "elegido" como próximo presidente de Nicaragua. En respuesta a esta información, Sandino se fue a las colinas y combatió en una de las primeras guerras de guerrillas en las Américas en contra de la presencia de los Marines norteamericanos en Nicaragua. Él llamó a sus tropas "Ejército Defensor de la Soberanía Nacional" (EDSN).

Finalmente, los Marines se retiraron de Nicaragua en 1933, pero antes de salir ellos se encargaron de entrenar a la Guardia Nacional, para proveer "estabilidad" a Nicaragua. El primer director de la Guardia Nacional fue Anastasio Somoza García. Dentro de dos años Somoza mandó asesinar a Sandino y sus más altos generales, después de que ellos participaran en las negociaciones de paz con el presidente Juan Bautista Sacasa. Luego realizó un golpe en contra de este presidente (su primo), y comenzó una dictadura que duró casi 45 años en el poder.

La dictadura de la familia Somoza no terminó hasta que los sandinistas derribaron el último gobierno de Somoza, el 19 de julio de 1979. Estados Unidos había apoyado a los Somoza y por eso la derecha de Estados Unidos y Latino América culpó a la administración Carter por la pérdida de Nicaragua ante el "bloque comunista", por causa de su énfasis en los derechos humanos en su política exterior (la cual provocó el corte de la ayuda militar a Anastasio Somoza Debayle en marzo de 1979). En respuesta a ese corte de fondos, los militares de Argentina reemplazaron a los norteamericanos en la lucha anticomunista y comenzaron a entrenar a la "contra" (fuerzas contrarrevolucionarias), oficialmente fuera del alcance de los Estados Unidos y de la CIA.

Mientras tanto, en los ochenta, una diminuta Nicaragua fue elegida

[1987]

Bridge over the
Yaosca River, 8 miles
west of Waslala and
the only road to the
east coast, sabotaged
by the *contras* on the
11th of October.

*Puente sobre el río
Yaosca saboteado por la
contra el 11 de octubre,
13 kilometros al oeste de
Waslala y la única vía
hacia la costa oriental.*

was a fellow Republican, his thorough investigation was devastating to
the administration. In essence he found that everyone from Reagan
down had known about this very serious violation of the democratic
process. More importantly, he was unable to bring anyone to justice
for this impeachable offense, mainly because of the pardons the first
President Bush gave to all those involved in the scandal, those already
tried and found guilty, as well as those indicted awaiting trial. Walsh
surmises that the reason Bush granted the pardons was self-protection.
By December of 1992, Walsh's investigation had reached Casper
Weinberger, Bush's Secretary of Defense, and that opened the possibility that Walsh might offer some immunity to Weinberger in
exchange for testifying against Bush. (Many of those pardoned in the
Iran-Contra scandal played key roles in the second Bush administration
in the run-up to the invasion of Iraq.)

The illegal war the United States promoted in the eighties left
Nicaragua the second poorest country in the Western Hemisphere,

por sus pares (sobre cien países) para puestos altos del Movimiento
de Países No Alineados, un reconocimiento para una Nicaragua que
intentaba trazar una senda independiente de las dos superpotencias
[EE.UU. y la Unión Soviética].

Después de que los estadounidenses eligieran a Reagan en el año
1980, el apoyo a los contras comenzó a ser una política oficial del
gobierno norteamericano, y en un giro hacia el otro extremo, fueron
pisoteados los derechos humanos, el derecho internacional y las leyes de
los Estados Unidos, en el intento de parar la extensión de la revolución.
Como resultado de esto, en junio de 1986, la Corte Internacional de
Justicia publicó catorce puntos de condena a los Estados Unidos por
"organizar, dirigir y financiar los esfuerzos contrarrevolucionarios",
incluso después de mucha presión del gobierno de los Estados Unidos
sobre los jueces para prevenir su decisión. Un equipo que incluyó a los
mejores abogados internacionales de Harvard y Oxford defendió la
posición de Nicaragua en el caso.

En el año 1986, un avión de los Estados Unidos que proveía sumi-
nistros a los contras fue derribado sobre territorio nicaragüense, encon-
trándose documentos en el avión que vinculaban a tres pasajeros del
avión con el entonces vicepresidente de los Estados Unidos George H.
W. Bush. El presidente Reagan fue forzado a nombrar un fiscal especial
para investigar lo que sería llamado como: el escándalo Irán-Contra. A
pesar del hecho de que el fiscal especial Lawrence Walsh era un miembro del Partido Republicano, su rigurosa investigación fue devastadora
para la administración Reagan. Esencialmente, él encontró que cada
una de las personas, desde Reagan hacia abajo, habían sabido sobre esta
violación muy seria del proceso democrático. Más importante aun, él no
tuvo poder para llevar a la justicia a cualquier persona por esta impugnable
ofensa, principalmente por los indultos que el primer presidente Bush
otorgó a aquellos que estaban involucrados en el escándalo, aquellos

despite the fact that the victory in the World Court allowed Nicaragua to sue the United States for damages accrued during the war. The damage suit, prepared by the same legal team, came to US$18 billion, at that time equal to over sixty years of total exports for the country. But there was no enforcement mechanism to oblige the United States to pay.

The Low-Intensity Conflict strategy of the United States won its political objective with the electoral victory of the National Opposition Union (UNO) coalition in February 1990. Ending the war and improving the economic situation were the key campaign issues, and even though the Sandinistas were the first government to implement the Peace Plan reached by the Central America presidents in August 1987—reaching a truce with the *contras* in March 1988 and moving the date of elections up from November to February of 1990—it became clear to the Nicaraguans that ending the war was not under the control of the Sandinistas. *Contra* attacks stepped up as the date of elections drew closer—a violation of the truce—but more importantly, the United States sent a chill through Nicaraguans when they invaded the Nicaraguan embassy in the invasion of Panama, two months before the Nicaraguan elections. The message was clearly received by the electorate—if you vote for the Sandinistas the war will continue—and with the fall of the Berlin Wall in November 1989 there was only one superpower, so there was nowhere to go for alternative economic policies.

In fact, the "pro-poor" economic policies implemented since 1990, starting with the UNO Coalition, were in essence pro-business policies, with the economic rules of the game slanted in favor of foreign investors. The idea was that increased foreign investment would eventually trickle down to the impoverished majorities. CAFTA (Central American Free Trade Agreement with the United States) was the culmination of that approach. It is precisely the increase in poverty during those years that both fueled migration north and opened the path for the Sandinista

que ya habían sido juzgados y encontrados culpables, así como aquellos procesados que aguardaban un juicio. Las conjeturas de Walsh fueron que Bush había otorgado estos indultos para protegerse a sí mismo: en diciembre de 1992 la investigación de Walsh había alcanzado a Casper Weinberger, Secretario de Defensa de Bush, y eso abrió la posibilidad para Walsh de ofrecer una cierta inmunidad a Weinberger, a cambio de declarar en contra de Bush (muchos de estos indultos en el escándalo Irán-Contra jugaron un papel clave en la segunda administración de Bush, en la víspera de la invasión a Irak).

La guerra ilegal de Estados Unidos, promovida en los años ochenta, dejó a Nicaragua como el segundo país más pobre del hemisferio oeste, a pesar de la significativa victoria de Nicaragua en la Corte Internacional que permitió que Nicaragua demandara a los Estados Unidos por los daños acumulados durante la guerra. El juicio por daños, preparado por el mismo equipo de abogados, vino a ser por dieciocho mil millones de dólares, en ese tiempo equivalentes a sesenta años de la exportación total de ese país. Pero no existían los mecanismos para obligar a los Estados Unidos al pago de esta suma.

La estrategia de Guerra de Baja Intensidad de los Estados Unidos ganó su objetivo político, con la victoria electoral en febrero del año 1990 de la coalición Unión Nacional Opositora (UNO). La finalización de la guerra y la mejora de la situación económica fueron las claves de los temas de campaña y a pesar de que los sandinistas fueron el primer gobierno en implementar el Plan de Paz al que llegaron los presidentes de Centro América en agosto de 1987 —alcanzando una tregua con los contras en marzo de 1988 y moviendo la fecha de las elecciones desde noviembre a febrero de 1990— esto puso de manifiesto a los nicaragüenses que la finalización de la guerra no estaba bajo el control de los sandinistas. En la medida en que las elecciones se acercaban, los contras intensificaron sus ataques —lo que era una violación a la

electoral victory in 2006, despite increased U.S. involvement in each electoral period. In the most recent presidential elections the U.S. ambassador in Nicaragua openly advocated the possibility of cutting off Nicaraguans' access to family remittances if the Sandinistas won the election. This money, sent from Nicaraguans living outside their country to their families in Nicaragua, is the single largest source of foreign exchange for the country and is received by one in six families. To block it was therefore a threat that reached nearly every Nicaraguan voter.

So the result of U.S. policy in the eighties in Nicaragua is a more impoverished population, with important sectors harboring deep suspicions of "U.S.-style democracy," and with many people still struggling to recover from the physical and emotional scars of the war.

This book shows the impact of this war at the personal level—the only level where life is actually lived. But for many Nicaraguan readers it will be a difficult book to read, because the stories reflected here are but a glimpse of a similar impact this war had on thousands of Nicaraguan families throughout the country. Their untold painful personal stories will surely be evoked in its reading.

For U.S. readers the book will also be difficult to read as it unveils the real impact of U.S. policy on specific Nicaraguan families. But properly understood, it should also stimulate the difficult realization that the policy that caused that suffering still continues. Whole populations are still being condemned without trial and sentenced to suffering and death, declared guilty of an "ism"—then it was communism, today it is terrorism. Today there are similar stories in Afghanistan, Iraq and other countries where, no matter how well justified by the U.S. government —or whether it is intentional or "collateral"—from the perspective of the victims, U.S. policy is experienced again as a senseless attack on their families and their future.

tregua acordada pero más importante fue cuando los Estados Unidos escarmentaron a los nicaragüenses cuando ellos invadieron la Embajada Nicaragüense en la invasión de Panamá, dos meses antes de las elecciones nicaragüenses. El mensaje fue recibido claramente por el electorado; si usted vota por los sandinistas, la guerra continuará, y con la caída del Muro de Berlín en noviembre de 1989, Estados Unidos era el único superpoder, no había lugar para políticas económicas alternativas.

De hecho, las políticas económicas "pro-pobres" implementadas desde 1990, comenzando con las de la coalición UNO, fueron en esencia políticas pro-negocios, con las reglas económicas de un juego inclinado hacia los inversionistas extranjeros. La idea se basaba en que el incremento de las inversiones extranjeras podría eventualmente generar riquezas que chorrearían hacia las mayorías empobrecidas. El CAFTA (Acuerdo de Libre Comercio Centromérica) fue la culminación de esta propuesta. Es precisamente el aumento de la pobreza durante esos años lo que alimentó la migración hacia el norte y abrió el paso para que los sandinistas obtuvieran nuevamente una victoria electoral en el año 2006, a pesar de la mayor implicación de los Estados Unidos en cada periodo electoral. En las más recientes elecciones presidenciales, el embajador de los Estados Unidos en Nicaragua, abiertamente abogó por la posibilidad de cortar a los nicaragüenses el acceso a las remesas si los sandinistas ganaban la elección. Estas remesas de dinero, enviadas por nicaragüenses que viven fuera de su país a sus familias es la fuente más grande de divisas para el país y es recibida por una de cada seis familias. Por lo tanto, el anuncio de bloqueo de las remesas es una amenaza que alcanzó a casi cada votante nicaragüense.

Así, el resultado de la política de los Estados Unidos en los ochenta es una población más empobrecida, con sectores importantes albergando suspicacias profundas acerca de la "democracia estilo estadounidense", y con mucha gente que todavía está luchando para recuperarse de las

[1987]

Repair of a high voltage tower destroyed by the *contras* on the 16th of February, cutting power to Estelí and other northern areas for several days. Near La Trinidad.

Reparación de una torre de alto voltaje que fue destruida por la contra el 16 de febrero, dejando a oscuras a Estelí y a otros áreas del norte durante varios días. Cerca de La Trinidad.

cicatrices físicas y emocionales de la guerra.

Este libro muestra el impacto de esta guerra en un nivel personal, el único nivel donde se vive la vida realmente. Pero para muchos lectores nicaragüenses será un libro difícil de leer, porque las historias reflejadas aquí, no son sino un vistazo del impacto similar que la guerra tuvo en miles de familias nicaragüenses por todo el país. Sus dolorosas historias personales no contadas seguramente serán evocadas en sus lecturas.

Para los lectores estadounidenses, éste libro también será difícil de leer, pues revela el verdadero impacto de la política exterior de los Estados Unidos en las familias nicaragüenses. Pero bien entendido este libro debería además estimular la difícil comprensión de que la política que ha causado este sufrimiento aún continúa. Poblaciones enteras son todavía condenadas sin juicio y sin sentencia a sufrir y morir, por ser declaradas culpables de un "ismo" —en aquel entonces era comunismo, hoy es el terrorismo. Hoy en día hay historias similares en Afganistán, Irak y otros países donde, sin importar cuán bien el gobierno de los Estados Unidos justifica sus acciones —ni si es intencional o "daño colateral"— desde la perspectiva de las víctimas, la política de los Estados Unidos es experimentada una vez más como un ataque sin sentido a sus familias y a su futuro.

Two resources on Nicaraguan history and United States-Nicaragua relations are: *Nicaragua: Living in the Shadow of the Eagle* by Thomas Walker. 4th Edition (Westview Press, 2003) and *Entre el Estado Conquistador y el Estado Nación* by Andrés Pérez Baltodano (IHNCA/UCA Institute of History of Nicaragua and Central America, Fundación Friedrich Ebert, 2003).

Mark Lester is currently the Central American Co-Director for the Center for Global Education at Augsburg College, Minneapolis, Minn., and the Representative of the Winds of Peace Foundation in Nicaragua. He has lived in Nicaragua since 1985.

Dos fuentes bibliográficas sobre la historia de las relaciones entre Estados Unidos y Nicaragua son: *Nicaragua: Living in the Shadow of the Eagle* de Thomas Walker. 4ª Edición (2003: Westview Press); y *Entre el Estado Conquistador y el Estado Nación* de Andrés Pérez Baltodano (2003: IHNCA/UCA Instituto de Historia de Nicaragua y Centroamérica, Fundación Friedrich Ebert).

Mark Lester se desempeña actualmente como Co-Director del Centro para la Educación Global en Augsburg College, Minneapolis, Minn., y como Representante de la Fundación Winds of Peace en Nicaragua. Lester ha estado viviendo en Nicaragua desde 1985.

—TRADUCCIÓN POR ROBERTO ARROYO

Nicaragua

1. Achuapa
2. Lagartillo
3. Cruz de Piré
4. Condega
5. Yalí
6. Las Colinas
7. La Rica
8. Las Praderas
9. Quilalí
10. La Vigía
11. Los Manguitos

HONDURAS

Río Coco (Segovia o Wanki)

CUBA
MEXICO   BELIZE   JAMAICA
GUATE.   HOND.
EL SALVADOR   NICARAGUA
COSTA RICA   PANAMA
COLOMBIA

Bonanza
Rosita

Jalapa
Puerto Cabezas (Bilwi)

Ayapal
Siuna

Ocotal
Wiwilí
San José de Bocay
9
10
Somoto
La Unión
Mar Caribe
4
7
3   6   8
El Cuá
5
Grande de Matagalpa
1 2
Estelí
Somotillo
Jinotega
Río Blanco
Orinoco
Matagalpa
Matiguás
Paiwas
Laguna de Perlas
Chinandega
Bocana de Paiwás
11
León
Boaco
Corinto
L. de Managua
(Xolotlán)
Kukra Hill
Tipitapa
San Pedro Lóvago
MANAGUA
Juigalpa
Masaya
Bluefields
Diriamba
Granada
Los Laureles
Carazo
Lago de Nicaragua
Nueva Guinea
La Esperanza
Rivas
(Cocibolca)

Pacific Ocean

Océano Pacífico

San Carlos
Buena Vista
Boca de Sábalos

COSTA RICA
Río San Juan

Caribbean Sea

0   25   50 Kilometers
0   25   50 Miles

N

⬟ National capital / Capital nacional

◉ Department capital / Cabecera departamental

● Other towns and settlements mentioned in the book / Otros pueblos y comunidades mencionados en el libro

Cartographer/Cartógrafo: Matthew W. Landers 2010
Sources/Fuente: FAO 1998; University of California, Berkeley 2008

1821: Nicaragua gains independence from Spain.

1823: Monroe Doctrine adopted, declares that the Western Hemisphere is exclusive U.S. area of influence.

1856: U.S. adventurer William Walker invades Nicaragua, declares himself president, and legalizes slavery.

1912: U.S. Marines begin 21-year period of near-continuous occupation of Nicaragua.

1927: Augusto César Sandino forms Army in Defense of the National Sovereignty of Nicaragua and begins guerrilla war against U.S. occupation.

July 16—In a battle with Sandino, U.S. Marines use airplanes to bomb the town of Ocotal, killing 300 Nicaraguans.

1933: U.S. Marines prepare to leave Nicaragua. Before leaving they recruit, train, and equip a military force, the National Guard, and make Anastasio Somoza García the commander-in-chief.

1934: Sandino signs peace agreement with Nicaraguan President Juan Bautista Sacasa and, soon after,

---

Nicaragua consigue la independencia de España.

Se adopta la Doctrina Monroe, declara que el hemisferio occidental es un área de influencia exclusiva de los EE.UU.

William Walker, aventurero estadounidense, invade Nicaragua y se declara presidente y legaliza la esclavitud.

Marines estadounidenses comienzan un periodo de veintiún años de ocupación casi continua de Nicaragua.

Augusto César Sandino organiza el Ejército Defensor de la Soberanía Nacional de Nicaragua y comienza una guerra de guerrillas en contra de la ocupación de los EE.UU.

16 de julio—En una batalla con Sandino, Marines estadounidenses utilizan aviones para bombardear el pueblo de Ocotal, dando muerte a 300 nicaragüenses.

Marines estadounidenses se preparan para dejar Nicaragua. Antes de salir, reclutan, entrenan y equipan una fuerza militar, la Guardia Nacional, y ponen a Anastasio Somoza García de comandante en jefe.

Sandino firma acuerdo de paz con el presidente de Nicaragua, Juan Bautista Sacasa, y poco después es

---

is assassinated on the orders of Somoza.

1936: Anastasio Somoza García takes presidency. He and his two sons rule, nearly continuously, until 1979.

1961: The Sandinista National Liberation Front (FSLN) is formed to fight for the removal of Somoza and the National Guard.

1972: December 23—Earthquake destroys much of Managua, killing an estimated 10,000 people.

1978: January 10—Pedro Joaquín Chamorro, editor of *La Prensa* and leader of movement to reform government, is assassinated. This is followed by riots in several cities and a general strike calling for Anastasio Somoza Debayle's resignation.

FSLN and civilians attack National Guard posts of Managua, Masaya, León, Chinandega, and Estelí.

1979: Somoza's Air Force bombs poor neighborhoods of Matagalpa, Estelí, León and Masaya.

June 20—ABC correspondent Bill Stewart, shot and killed point blank by Somoza's National Guard.

---

asesinado por órdenes de Somoza.

Anastasio Somoza García asume la presidencia. Él y sus dos hijos están en el poder, casi continuamente, hasta 1979.

Se forma el Frente Sandinista de Liberación Nacional (FSLN) para luchar por destituir a Somoza y la Guardia Nacional.

23 de diciembre—Terremoto destruye mucho de Managua, pereciendo aproximadamente 10.000 personas.

10 de enero—Pedro Joaquín Chamorro, editor de La Prensa y líder del movimiento para reformar el gobierno, es asesinado, lo cual es seguido por disturbios en varias ciudades y una huelga general, exigiendo la renuncia de Anastasio Somoza Debayle.

FSLN y civiles atacan puestos de la guardia nacional de Managua, Masaya, León, Chinandega y Estelí.

La Fuerza Aérea de Somoza bombardea barrios pobres de Matagalpa, Estelí, León and Masaya.

20 de junio—Bill Stewart, corresponsal de ABC, es asesinado por tiros a quemarropa por la Guardia Nacional de Somoza.

July 17—Anastasio Somoza Debayle and National Guard are forced to flee Nicaragua. Somoza flies to Miami.

July 19—Sandinistas arrive in Managua and begin the new government.

1980: March-August—Sandinista government carries out nation-wide Literacy Crusade.

May—U.S. Congress approves President Carter's request for $75 million in economic aid for Nicaragua.

1981: January 20—Ronald Reagan inaugurated as U.S. president.

Armed groups known as *contras* form to overthrow Sandinistas. They begin violent attacks on state and civilian targets.

April—Reagan administration ends aid to Nicaragua, stops payment on final $15 million of earlier U.S. loan of $75 million, and begins CIA funding of *contra* forces.

Reagan administration, in violation of neutrality laws, allows military training of Nicaraguan exiles in Florida.

17 de julio—Anastasio Somoza Debayle y la Guardia Nacional son forzados a huir de Nicaragua. Somoza sale a Miami.

19 de Julio—Sandinistas llegan a Managua y comienzan el nuevo gobierno.

Marzo a agosto—Gobierno sandinista lleva a cabo la Cruzada de Alfabetización a nivel nacional.

Mayo—El Congreso de los EE.UU. aprueba petición del presidente Carter por US$75 millones de ayuda económica para Nicaragua.

20 de enero—Ronald Reagan es investido como presidente de los EE.UU.

Se forman grupos armados llamados "contras" para destituir a los sandinistas. Comienzan ataques violentos contra blancos civiles y del estado.

Abril—La administración de Reagan termina el apoyo a Nicaragua, detiene pago de los últimos US$15 millones del préstamo anterior de US$75 millones, y comienza financiación a la CIA para las fuerzas contra.

La administración Reagan, en contra de leyes de neutralidad, permite entrenamiento militar de exilados nicaragüenses en Florida.

November—President Reagan gives CIA permission to spend $19 million to fund *contras*.

1982: *May 13—Félix Pedro Espinales Vásquez wounded (page 138).*

March 14—Saboteurs trained and equipped by the CIA blow up two major bridges in northern Nicaragua.

December—U.S. Congress passes first Boland Amendment forbidding expenditures "for the purpose of overthrowing the government of Nicaragua."

1983: July—The U.S. House of Representatives votes to end covert operations against Nicaragua.

October—CIA-trained forces attack port at Corinto and destroy oil storage facilities.

December—Defense Appropriations Act includes $24 million in military aid to *contras*, sets cut-off at September 30, 1984.

1984: *January 16—María Auxiliadora Centeno's father killed (page 37).*

CIA lays mines in three Nicaraguan harbors in violation of international law.

Noviembre—Presidente Reagan permite a la CIA gastar US$19 millones para financiar a los contras.

13 de mayo—Félix Pedro Espinales Vásquez queda lisiado (página 138).

14 de marzo—Saboteadores, entrenados y equipados por la CIA, vuelan dos puentes principales al norte de Nicaragua.

Diciembre—Congreso de los EE.UU. aprueba primera Enmienda Boland, la cual prohibe gastos "con el propósito de derrocar el gobierno de Nicaragua."

Julio—Cámara (del Congreso de los EE.UU.) vota para terminar operaciones encubiertas en contra de Nicaragua.

Octubre—Fuerzas entrenadas por la CIA atacan Puerto de Corinto y destruyen instalaciones de almacenaje de petróleo.

Diciembre—Acta de Aprobación para la Defensa incluye US$24 millones de ayuda militar para los contras para ser usada antes del 30 de septiembre de 1984.

16 de enero—El padre de María Auxiliadora Centeno es asesinado (página 37).

CIA pone minas en tres puertos de Nicaragua en violación de ley internacional.

March 13—Félix Pedro Espinales Mendoza's father killed (page 106).

April 23—Shirley María Torres's father killed (page 124).

July 31—Tomás Ramón Alvarado wounded (page 58).

September 2—Cristina Borge Díaz wounded (page 142).

October—Congress cuts off all U.S. funding for *contras* unless specifically authorized by Congress.

October 15—Associated Press reports CIA wrote manual for the *contras* titled "Psychological Operations in Guerrilla War."

November 2—Daniel Ortega, of FSLN, wins internationally monitored presidential election.

November 4—President Reagan re-elected.

December—U.S. Congress passes stricter Boland Amendment prohibiting military aid to *contras,* but Lieut. Col. Oliver North, working in the White House, raises money from other countries and through private contributions to fund *contra* supply lines.

13 de marzo—El padre de Félix Pedro Espinales Mendoza es asesinado (página 106).

23 de abril—El padre de Shirley María Torres es asesinado (página 124).

31 de julio—Tomás Ramón Alvarado queda lisiado (página 58).

2 de septiembre—Cristina Borge Díaz queda lisiada (página 142).

Octubre—Congreso detiene todo el financiamiento de los EE.UU. para los contras a menos que esté específicamente autorizado por el Congreso.

15 de octubre—La Prensa Associada reporta que la CIA escribió manual para los contras titulado: "Operaciones Psicológicas en la Guerra Guerrillera".

2 de noviembre—Daniel Ortega del FSLN gana elecciones presidenciales que fueron monitoreadas internacionalmente.

4 de noviembre—Presidente Reagan reelegido.

Diciembre—Congreso de los EE.UU. aprueba Enmienda Boland más estricta prohibiendo ayuda militar para los contras, pero el Teniente Coronel Oliver North, que trabaja en la Casa Blanca, recauda dinero de otros países y por medio de contribuciones

privadas para financiar la red de abastecimientos de los contras.

December 31—Florentina Pérez's husband and daughter killed (page 50).

1985: *March 19—Tránsito Suárez Amador's wife, son, and nephew killed (page 98).*

May 1—President Reagan imposes a complete embargo of U.S.-Nicaragua trade.

June 3—Lucila Incer Téllez wounded (page 130).

June—U.S. Congress authorizes $27 million in "humanitarian aid" to *contras.*

Adelina López Aguilar's brother killed (page 96).

December 27—Juana Hernández's husband and son killed (page 62).

1986: *January 17—Wilfredo Miranda Gómez's mother and brother killed (page 102).*

March 27—Sofía del Carmen Palacios's brother-in-law killed (page 116).

June 27—The World Court issues a 14-point condemnation of the United States for "organizing, directing and financing the counterrevolutionary efforts."

31 de diciembre—Marido e hija de Florentina Pérez son asesinados (página 50).

19 de marzo—Esposa, hijo y sobrino de Tránsito Suárez Amador son asesinados (página 98).

1º de mayo—Presidente Reagan decreta un embargo total de comercio entre EE.UU. y Nicaragua.

3 de junio—Lucila Incer Téllez queda lisiada (página 130).

Junio—Congreso de los EE.UU. autoriza US$27 millones de "ayuda humanitaria" para los contras.

El hermano de Adelina López Aguilar es asesinado (página 96).

27 de diciembre—Marido e hijo de Juana Hernández son asesinados (página 62).

17 de enero—La madre y el hermano de Wilfredo Miranda Gómez son asesinados (página 102).

27 de marzo—El cuñado de Sofía del Carmen Palacio es asesinado (página 116).

27 de junio—La Corte Mundial promulga una condena de 14 puntos a los EE.UU. por "organizar, dirigir y financiar los esfuerzos contrarrevolucionarios".

Félix Pedro Espinales Vásquez steps on landmine and sustains disabling wounds (page 138).

October 5—Nicaraguan military shoots down a CIA plane carrying ammunition and supplies to the *contras*. U.S. crew member Eugene Hasenfus is captured.

October 17—U.S. Congress approves $100 million in aid for *contras*.

October 20—Truck carrying Carmen Marina Picado, Juan Domingo Jiménez, and Américo Mejía Castillo hits anti-tank mine (page 76).

November—Iran-Contra scandal becomes headline news.

December 8—Luz Mabel Lumbí wounded; father and sister killed (page 40).

1987: April 28—Benjamin Linder, young U.S. engineer working in rural Nicaragua, killed by *contras*.

November 2—Alexsey Antonio Zúniga and his mother wounded (page 46).

December 2—Jamileth Chavarría Mendieta's mother killed (page 84).

Félix Pedro Espinales Vásquez pisa una mina terrestre y queda inválido (página 138).

5 de octubre—El ejército nicaragüense derriba avión de la CIA que lleva municiones y abastecimientos para los contras. Eugene Hasenfus, un tripulante estadounidense, es capturado.

17 de octubre—Congreso de los EE.UU. aprueba US$100 millones de ayuda para los contras.

20 de octubre—Camión que lleva a Carmen Marina Picado, Juan Domingo Jiménez y Américo Mejía Castillo pasa sobre una mina anti- tanque y vuela en pedazos (página 76).

Noviembre—El escándalo Irán- Contra se convierte en noticias titulares.

8 de diciembre—Luz Mabel Lumbí queda lisiada; padre y hermana son asesinados (página 40).

28 de abril—Benjamín Linder, un ingeniero joven de los EE.UU., que trabajaba en el campo, es asesinado por los contras.

2 de noviembre—Alexsey Antonio Zúniga y su madre quedan lisiados (página 46).

2 de diciembre—La madre de Jamileth Chavarría Mendieta es asesinada (página 84).

December 20—Marconi Valdivia Zamora wounded (page 120).

1988: March 1—Richard Boren kidnapped (page 10).

September—U.S. Congress approves $75 million in "humani- tarian aid" for the *contras*.

October 22—Hurricane Joan causes massive damage to Caribbean Coast of Nicaragua.

November 8—George Bush wins U.S. presidential election, pledges support for the *contras*.

1989: February—Central American presidents reach agreement on *contra* demobilization.

1990: February 25—Daniel Ortega, FSLN party, loses presidential election to U.S.-supported UNO candidate, Violeta Chamorro.

March 23—Preliminary *contra* demobilization peace agreement, signed in Honduras by Nicaraguan Cardinal, representatives of in- coming UNO party, and repre- sentatives of *contras*.

March 23—Bismark Alonso Castro wounded (page 90).

20 de diciembre—Marconi Valdivia Zamora queda lisiado (página 120).

1 de marzo—Richard Boren es secuestrado (página 10).

Septiembre—Congreso de los EE.UU. aprueba US$75 millones de "ayuda humanitaria" para los contras.

22 de octubre—Huracán Joan causa daños masivos a la Costa Caribe de Nicaragua.

8 de noviembre—George Bush gana elecciones presidenciales. Promete apoyo para los contras.

Febrero—Presidentes de Centro- américa acuerdan desmovilización de los contras.

25 de febrero—Daniel Ortega del FSLN pierde elecciones presidenciales. Gana la candidata de la UNO, Violeta Chamorro, apoyada por los EE.UU.

23 de marzo—Acuerdo prelimi- nario para desmovilización de la contra, firmado en Honduras por el Cardenal nicaragüense, representantes del partido UNO entrante y representantes de los contras.

23 de marzo—Bismark Alonso Castro queda lisiado (página 90).

1997: January 10—Arnoldo Alemán, of Liberal Alliance Party, is inaugurated as president of Nicaragua.

10 de enero—Arnoldo Alemán, del Partido Alianza Liberal, es investido como presidente de Nicaragua.

1998: October 26-November 4—Hurricane Mitch devastates much of Nicaragua.

26 de octubre a 4 de noviembre— Huracán Mitch asola gran parte de Nicaragua.

2002: January 10—Enrique Bolaños, of Liberal Party (PLC), is inaugurated as president of Nicaragua.

10 de enero—Enrique Bolaños, del Partido Liberal (PLC), es investido como presidente de Nicaragua.

2005: August 3—Central America Free Trade Agreement signed into law by President Bush.

3 de agosto—Se firma el Tratado de Libre Comercio de Centro-américa por Presidente Bush.

2007: January 10—Daniel Ortega, of FSLN, is inaugurated as president of Nicaragua.

10 de enero—Daniel Ortega del FSLN es investido como presidente de Nicaragua.

[1985]

María Auxiliadora Tinoco Romero, age 21, with her niece. María's father had just been killed in a *contra* ambush. Yalí, dept. of Jinotega.

María Auxiliadora Tinoco Romero, de 21 años, con su sobrina. El padre de María acababa de ser asesinado en una emboscada de la contra. Yalí, dpto. de Jinotega.

[2005]

Edwin Uriel Gonzales, age 15.
Fifteen years after the signing of
the peace accords that ended the
Contra War, Edwin, of San Juan
del Río Coco, picked up an object
thinking it was a flashlight; it was
an antipersonnel mine, an artifact
of the war. He lost both hands,
one eye, and most of his vision in
the remaining eye. Aldo Chavarría
Rehabilitation Hospital, Managua.

Edwin Uriel Gonzales, de 15 años.
Quince años después de la firma del
acuerdo de paz que acabó la guerra de
los contras, Edwin, de San Juan del
Río Coco, recogió un objeto, pensando
que era una linterna; era una mina
antipersonal, un artefacto de la guerra.
Perdió ambas manos, un ojo, y la
parte de la visión del ojo que le quedó.
Hospital de Rehabilitación Aldo
Chavarría, Managua.

[2007]

Edwin Uriel Gonzales, age 17,
learning computer science with
determination and enthusiasm.
Estelí.

Edwin Uriel Gonzales, de 17 años,
aprendiendo informática con
determinación y entusiasmo.
Estelí

Acknowledgements
Agradecimientos

THIS HAS BEEN A COLLABORATIVE PROJECT WITH HUNDREDS OF PEOPLE CONTRIBUTING THEIR TIME, ENERGY, EXPERTISE, ENCOURAGEMENT AND FINANCIAL ASSISTANCE. Just listing their names would fill several pages. However, we do want to give special thanks to at least a fraction of those who helped move this project forward.

Most importantly we are indebted to the Nicaraguans who graciously helped us find the people we were searching for, and to those who trusted us and let us record their traumatic histories. Their voices and images are the inspiration and substance of this book.

Ongoing support came from individuals and organizations that had faith in our mission and helped provide us with the financial resources to travel to Nicaragua and to produce this book. A few of the many include: The Lyman Fund, The Levinson Foundation, The Winds of Peace Foundation, Eugene Friends Meeting of Oregon, Heartland Friends Meeting of Montana, Cheryl Clemmensen, Peg Morton, Lucy and Jim Phillips-Edwards, Ross Bondurant, Jan Wulling, Peter James and Heather Jackson.

Dozens of volunteers helped us with transcribing, translating and proofreading. Spanish translators and proofreaders included: Antonio José Couso-Lianez, Roberto Arroyo, Mario Urtecho, and Gabriela Sagurie. English editors and proofreaders included: Jim Wood, Teresita Ladd, Becky Riley, Sylvia Hart, Nancy Bray, Truleen Delgado, and many from Eugene Friends Meeting.

Computer and photoshop assistance came from Tom Murphy, Herb Everett, Ross Bondurant, Dennis Rivers and many others.

We were honored to have the collaboration of the Institute of History of Nicaragua and Central America at the University of Central America in Managua. We give special thanks to Gioconda Belli for her prologue, and Michèle Najlis and Margaret Randall for their poems.

From the beginning of this project in 1985 Witness for Peace has nurtured our souls, enhanced our political awareness and always encouraged us in our work.

We doubt this project could have succeeded without the hospitality, insights and continuous support of Jenny Atlee and Tom Loudon, and Mark Lester and Anne McSweeney; two couples who opened their homes to us in Managua.

Many thanks to each of you and to the hundreds of others who made this project possible. We are happy to report that profits from the sale of this book will be directed to community projects in Nicaragua.

ESTE HA SIDO UN TRABAJO EN COLABORACIÓN CON CIENTOS DE PERSONAS QUE HAN CONTRIBUIDO CON SU TIEMPO, ENERGÍA, EXPERIENCIA, ALIENTO Y ASISTENCIA MONETARIA. Simplemente hacer una lista de sus nombres llenaría varias páginas. Sin embargo, queremos al menos dar las gracias especialmente a una fracción de aquéllos que han ayudado a que este proyecto siguiera adelante.

Principalmente, estamos en deuda con los nicaragüenses que gentilmente nos han ayudado a encontrar a las personas que estábamos buscando, y con aquéllos que confiaron en nosotros y nos permitieron registrar sus traumáticas historias. Sus voces e imágenes son la inspiración y la esencia de este libro.

Nos llegó un continuo apoyo de personas y organizaciones que tuvieron fe en nuestra misión y ayudaron a proporcionarnos el apoyo económico para viajar a Nicaragua y producir este libro. Algunas de éstas son: The Lyman Fund, The Levinson Foundation, The Winds of Peace Foundation, Eugene Friends Meeting of Oregon, Heartland Friends Meeting of Montana, Cheryl Clemmensen, Peg Morton, Lucy and Jim Phillips-Edwards, Ross Bondurant, Jan Wulling, Peter James y Heather Jackson.

Docenas de voluntarios nos ayudaron en la transcripción, traducción y corrección de textos. Entre los traductores y correctores de textos en español se encuentran: Antonio José Couso-Lianez, Roberto Arroyo, Mario Urtecho y Gabriela Sagurie. En cuanto a los editores y correctores de textos en inglés se incluyen: Jim Wood, Teresita Ladd, Becky Riley, Sylvia Hart, Nancy Bray, Truleen Delgado y muchos de Eugene Friends Meeting.

La asistencia informática y con Photoshop vino de la mano de Tom Murphy, Herb Everett, Ross Bondurant, Dennis Rivers y muchos otros.

Tenemos el honor de contar con la colaboración del Instituto de Historia de Nicaragua y Centroamérica de la Universidad Centroamérica de Managua. Le agradecemos especialmente a Gioconda Belli por su prólogo, y a Michèle Najlis y Margaret Randall por sus poemas.

Desde el principio de este proyecto en 1985 Acción Permanente por la Paz ha alimentado nuestras almas, mejorado nuestra conciencia política y fomentado siempre nuestro trabajo.

Dudamos que este proyecto hubiera tenido éxito sin la hospitalidad, puntos de vista y continua ayuda de Jenny Atlee y Tom Loudon, y Mark Lester y Anne McSweeney; dos parejas que nos abrieron su hogar en Managua.

Le agradecemos a cada uno de ustedes y a los otros cientos de personas que han hecho posible este proyecto. Estamos particularmente contentos de informarles que las ganancias de la venta de este libro serán dirigidos a proyectos comunitarios en Nicaragua.

A Few Resources for Waging Peace
Unos pocos recursos para hacer la paz

Witness for Peace
www.witnessforpeace.org

Nicaragua–U.S. Friendship Office
www.friendshipamericas.org

Center for Global Education
at Augsburg College
www.augsburg.edu/global/latinamerica.html

ProNica
www.pronica.org

The Nicaragua Network
www.nicanet.org

Nicaragua Solidarity Campaign
www.nicaraguasc.org.uk

Revista Envio
(monthly magazine/revista mensual)
www.envio.org.ni

CEPAD
www.cepad.org.ni

NACLA Report
(bimonthly publication/publicación quincenal)
www.nacla.org

Cover | *Portada:* [1986]
Esteban Mejía Peña, great-grandfather of Albertina Peña
(on left), age 3, and Fátima del Socorro Peña, age 2.
La Esperanza, Nueva Guinea area.

*Esteban Mejía Peña, bisabuelo de Albertina Peña (a la
izquierda), de 3 años, y Fátima del Socorro Peña, de 2 años.
La Esperanza, área de Nueva Guinea.*

Title page | *Página titular:* [2002]
Basketball tournament, survivors of war. Managua.
Torneo de baloncesto, sobrevivientes de guerra. Managua.

Table of Contents | *Índice de contenidos:* [1985]
Two boys on horse. Near Río Blanco.
Dos muchachos a caballo. Cerca de Río Blanco.

Page 6 | *Página 6:* [1990]
Dialina Díaz Gómez, age 20, with baby son,
Melvin Montiel Díaz, living in La Urbina, a
cooperative and resettlement camp for war refugees.
West of El Rama, South Atlantic Autonomous Region.

*Dialina Díaz Gómez, de 20 años, con su hijo Melvin
Montiel Díaz, viviendo en La Urbina, una cooperativa y
asentamiento de refugiados de guerra. Al oeste de El Rama,
Región Autónoma Atlántico Sur.*

Page 10 | *Página 10:* [1988]
Richard Boren shortly before being released by the
contras. Near La Vigía, dept. of Nueva Segovia.

*Richard Boren un poco antes de ser liberado por la contra.
Cerca de La Vigía, depto. de Nueva Segovia.*

Page 18 | *Página 18:* [1987]
Jonel Wilson Porter, age 5, 2nd from left. Bluefields.
Jonel Wilson Porter, de 5 años, segunda a la izquierda. Bluefields.

Page 26 | *Página 26:* [1985]
Cooperative members, armed in case of *contra* attack,
on way to pick coffee. Juana María Vega Gonzales
with cap, laughing at photographer. Venecia,
dept. of Estelí.

*Miembros de la cooperativa, armados en caso de sufrir ataque
contra, en camino a cortar café. Juana María Vega Gonzales
con gorra, riéndose del fotógrafo. Venecia, dpto. de Estelí.*

Page 32 | *Página 32:*
Quote from an article in *El Nuevo Diario* (Managua:
January 3, 2003) by Carlos Powell.

*Cita de un artículo en El Nuevo Diario (Managua:
3 de enero de 2003) por Carlos Powell.*

Page 33 | *Página 33:* [1987]
Wake for Jesús Hernández García, age 33, father
of 8 children, killed in *contra* ambush. Two other
members of the resettlement camp's self-defense
militia died as a result of the ambush. Las Carpas
District, dept. of Matagalpa.

*Velatorio para Jesús Hernández García, de 33 años,
padre de 8 niños, asesinado en una emboscada de la contra.
Otros dos miembros de la milicia de auto-defensa del
asentimiento murieron como resultado de la emboscada.
Comarca Las Carpas, dpto. de Matagalpa.*

Page 35 | *Página 35:* [1987]
At Mass in an isolated mountain chapel.
South Atlantic Autonomous Region.

*En misa en una capilla aislada en la montaña.
Región Autónoma Atlántico Sur.*

Page 114 | *Página 114:* [1987]
María Elba Urroz Narváez in march for peace with
picture of son killed in the insurrection. Managua.

*María Elba Urroz Narváez en una marcha por la paz
con el retrato de su hijo asesinado durante la insurrección.
Managua.*

Page 153 | *Página 153:* [1985]
Good Friday procession. Managua.
Procesión de Viernes Santo. Managua.

Page 199 | *Página 199:* [1990]
Market. Jinotega.
Mercado. Jinotega.

Page 217 | *Página 217:* [1985]
Granada pier. Lake Nicaragua.
Muelle de Granada. Lago de Nicaragua.

Page 220 | *Página 220:* [1987]
Boy splashing water on horse.
Tasbapauni, Caribbean Coast.

*Muchacho salpicando de agua a un caballo.
Tasbapauni, Costa Caribe.*

Back Cover | *Contraportada:* [1986]
Graciela Morales Castillo, age 18, sixth anniversary
of the triumph of the revolution. Managua.

*Graciela Morales Castillo, de 18 años, sexto aniversario
del triunfo de la revolución. Managua.*

★   ★   ★

First Edition
Copyright © 2011 by Paul Dix and Pamela Fitzpatrick

Published in 2011 by Just Sharing Press in collaboration with the Institute of History of Nicaragua and Central America, Managua, Nicaragua

Book and cover design by Adrienne Pollard
Printed and bound in China by C & C Offset Printing Company, Ltd.

Orders: Just Sharing Press
P.O. Box 948, Eugene, OR 97440
www.nicaraguaphototestimony.org

Library of Congress identification
ISBN 978-0-6153740-9-3

Just Sharing Press
P.O. Box 948, Eugene, OR 97440
www.nicaraguaphototestimony.org

[1986]
First communion in
isolated mountain chapel.
dept. of Boaco.

*Primera comunión en una
capilla aislada en las montañas.
dpto. de Boaco.*